부동산 투자

지금 해도 늦지 않다

부동산 투자 지금 해도 늦지 않다

초 판 1쇄   2020년 11월 25일

지은이 정병묵
펴낸이 류종렬

펴낸곳 미다스북스
총괄실장 명상완
책임편집 이다경
책임진행 박새연 김가영 신은서 임종익

등록 2001년 3월 21일 제2001-000040호
주소 서울시 마포구 양화로 133 서교타워 711호
전화 02) 322-7802~3
팩스 02) 6007-1845
블로그 http://blog.naver.com/midasbooks
전자주소 midasbooks@hanmail.net
페이스북 https://www.facebook.com/midasbooks425

© 정병묵, 미다스북스 2020, *Printed in Korea*.

ISBN 978-89-6637-873-9 03320

값 **15,000원**

미다스북스는 다음세대에게 필요한 지혜와 교양을 생각합니다.

부동산 투자
지금 해도 늦지 않다

정병묵 지음

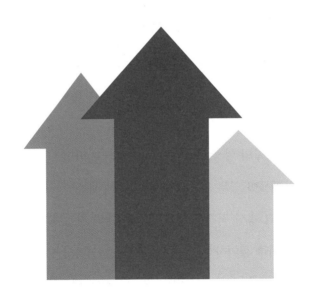

미다스북스

연구하고 공부하라! 부동산이 보인다!

나는 중개사무소 옆에 견종이 리트리버의 일종인 골든 리트리버와 경주의 옛 지명인 동경 지역에서 양육했던 토종개를 키우고 있다. 진돗개, 풍산개, 삽살개와 함께 우리나라 4대 토종견인 댕견(원명: 동경견)이라는 개를 키우는데 척추 하단부에 뼈가 형성되지 않아 꼬리가 없고 사냥 능력이 뛰어나서 개들 사이에서는 아주 사납다. 필자가 개를 좋아하는 탓도 있지만, 개를 키우면서 도시에서는 느끼지 못하는 특별한 재미에 빠져 있다.

껄끄러운 손님과의 협상이나 딜(Deal)이 끝나고 나면 나는 슬그머니 사무실을 나와 개들이 있는 곳으로 오곤 하는데 펜스(Fence)의 소유주이신 이분들의 성함과 정식 직책은 댕기 부장과 대박 차장이다. 이분들은 갇혀 있는 것을 아주 싫어하신다. 수시로 담장을 넘어서 밖으로 나와서 볼일을 보고 들어간다. 하루에도 몇 번씩 나오기에 펜스가 흔들흔들 부서지기 일보 직전이다. 나는 이곳을 조만간 용접기로 손볼 생각이다.

리트리버는 물을 좋아하는 견종이기에 한 번씩 탈출해서 동네 개울가에서 놀다가 털에 시커먼 흙탕물을 뒤집어쓰고 큰 덩치로 어슬렁어슬렁 동네를 돌아다니곤 한다. 정말 사자 같은 녀석이 동네를 누비면 처음 본 깜짝 놀란 누군가의 신고로 지구대에서 이들을 검거하러 나오기도 하고 해서 곤욕을 치르기도 한다.

그런 성가신 일도 있지만, 이분들은 이미 우리 중개사무소의 마스코트가 되어버렸고 나름대로 주위 분들에게 브랜딩(Branding)이 되신 분들이다. 나는 이분들의 식사를 챙겨야 하기에 일요일도 사무실로 나올 수밖에 없다. 내가 사무실에 나가지 않으면 두 분께서 굶어야 하기에 휴일에도 나는 어쩔 수 없는 부지런을 떨어야 한다. 그렇지만 그런 수고로움 이면에는 나에게 쏠쏠한 재미를 선사하는 것이 많기에 기꺼이 비용을 지불한다. 내가 유일하게 망중한을 달래는 장소이며 휴식처이다.

그런데 어느 날 개집 주위에 오래된 사료 그릇을 발견했는데 그릇에는 곰팡이가 피어 있고 온갖 미생물과 벌레들이 가득했다. 음식 찌꺼기가 그릇에 침착되어 부패된 것이었다. 우리 뇌도 마찬가지이다. 이처럼 오래된 기억 찌꺼기가 우리의 뇌에 남아서 냄새를 풍기고 있다. 그것이 과거 생각의 찌꺼기인데도 불구하고 마치 그것이 자신의 분신인 양 버리지 못하고 뇌 속에 슬그머니 숨겼다가 이따금 끄집어내어 자신을 괴롭히게 둔다. 미련 없이 과감히 버려야 한다. 멀리 날려버려야 한다.

나는 속초 설악산에 있는 과거 북파 공작원 양성소(H.I.D)였던 정보사에서 약 6년간 군 생활을 했다. 거기서 젊은 시절 20대를 다 보냈다. 10일 정도의 휴가를 제외하곤 바깥세상과는 담을 쌓고 야외 훈련 시에만 잠시나마 영외를 구경할 수 있었다. 그렇게 6년을 복무하고 제대했다. 지금 생각하면 끔찍한 일이고, 못할 것 같지만 막상 그 당시에는 별 불편함이 없었다. 휴가를 나오면 사회에 있는 사람들이 너무 흥청망청 살아가고 있는 것 같아서 오히려 낯설었다. 내 몸과 정신이 철저하게 환경에 적응한 탓이다.

당시 대학교를 2년 다니다 군대 갔으니까 나는 대학에서 병영 체험(군사시설 입소)도 해봐서 군대 맛은 조금 보고 입대해서 자신 있었지만 정말 지옥 훈련은 제대하는 순간까지 이어졌다.

훈련 도중 죽어가는 동기를 보면서 삶과 죽음의 경계에 있다고 생각했고 아침마다 눈을 뜨면 오늘은 죽어야지 다짐을 했던 군대 시절이었다. 밤마다 불멸의 죽음에 등장하는 선배님의 이야기는 우리의 심금을 울리고도 남았다. 임무 수행 후 귀소하는 과정에 지뢰를 밟아 무려 수십 km를 포복으로 기어서 아군 초소로 귀환했다는 믿기지 않는 이야기를 들으며 정신 무장을 다지곤 했다. 모든 것이 나라를 위한 것임을 굳게 믿고 열심히 복무했다. 일주일에 12km를 완전 군장을 한 채로 4번을 뛰었다. 매주 이어지는 산악 구보와 1년에 무려 3번의 행군은 차라리 휴가 나온 들뜬 기분으로 훈련했던 기억이 난다. 밤마다 이어지는 특수 무술은 밤 10시가 되어야 끝이 났다. 그곳에서의 살인적인 훈련 과정을 견뎌내며 제대를 했지만 결국은 좋지 않았던 많은 기억이 나를 괴롭히곤 했다. 나의 뇌 속에 침착되어 있던 과거의 응어리들이 나를 옥죄고 가만두지 않았고 그것 때문에 왜곡된 삶을 살곤 했다.

나는 그것을 극복하리라 굳게 마음먹고 미친 듯이 독서를 하기 시작했다. 모든 열쇠는 독서에 있었고 독서를 통해 상처 입은 나를 돌아보고 치유하는 과정에서 얻은 깨달음으로 현재에 이르게 되었고 영혼의 불구자 같았던 나를 지금까지 잘 데리고 살고 있다.

독서의 힘은 실로 엄청나다 못해 경이롭다. 교보문고에 가면 이런 문구가 있다. '사람이 책을 만들고 책이 사람을 만든다.' 나는 책으로 거듭

낳기에 현재 나의 모습이 가능했다. 책에는 모든 분야의 전문인들이 자신들의 영역에 대해서 자신 있게 기술하기에 나는 그저 그분들이 시키는 대로 따랐을 뿐이다. 그런데 놀랍게도 이전의 나는 온데간데없고 거의 완성된 모습의 사람으로 변해 있는 나를 발견했다. 놀라운 일이었다. 과거 나를 옥죄었던 나쁜 기억들은 내가 아닌 허상에 불과했던 것이다.

비우자! 그리고 그 자리에 좋은 생각, 행복한 생각들과 미래에 일어날 멋진 계획들로 가득 채우자. 실천하지 않으면 아무 일도 일어나지 않는다. 행동하지 않으면 찻잔 속의 돌풍으로 끝나버린다. 지금 당장 실천에 옮기자. 그래서 우리를 철저히 변화시키자. 행동으로 옮기면 분명히 달라진 멋진 내 모습을 발견할 수 있을 것이다.

경기도 광주에서 개업 공인중개사로 활동하면서 개인 자산의 대부분을 차지하는 실물 자산인 부동산에 대해 해박한 지식을 습득하는 기회를 얻게 되었고 자산 운용과 자산 관리, 자산 습득 과정 등 이때까지 개인들이 모르고 무심코 지나쳤던, 어쩌면 정말 세상살이에서 가장 중요한 일을 하고 있다는 자부심으로 손님 재산의 전부인 부동산을 결코 함부로 핸들링(Handling)하지 않고 성심성의껏 연구하고 공부하고 있다. 손님들의 재산을 지키고 불려주어야 한다는 것이 바로 내 일이며, 그것이 공인중개사의 사명이다. 나는 공인중개사 업무가 천직이라 생각하고 앞으로도 더욱 열심히 임할 것이다. 중개사의 업무가 절대 단순한 업무가 아님을 알고 있으며, 더군다나 인공 지능 기계로 대체되는 일이 아님을 분명히 밝혀 두고자 한다. 인공 지능으로는 대체될 수 없는 나만의 영역을 구축하여 절대 기계에 나의 일자리를 빼앗기지 않을 것이다.

오늘도 지금의 나를 지탱해준 우리 가족 행안부 장관이시며 주식 선물 투자자이신 권연옥 여사님과 장녀 정은혜 초딩 선생님, 막내딸 정다혜 간호사님, 정말 고맙다.

이 책이 나오도록 물심양면 이끌어주시고 노력해주신 〈한국책쓰기1인창업코칭협회(한책협)〉 김태광 대표님, 권동희 마담님 이하 스태프(Staff) 선생님들께 진심으로 감사드린다.

별 볼일 없던 필부에 불과한 사람을 교육하고 길러주셔서 지금의 부동산학 박사로 만들어주신 강남대학교 부동산학과 서충원 교수님 이하 여러 교수님에게 감사를 표한다.

경기도 광주에서 개업 공인중개사분들의 입장에서 항상 궂은일을 마다하지 않으시는 〈한공협〉 경기도 광주지회 최인철 지회장님과 임원 여러분, 좋은 부동산을 비롯한 광주지회 750여 명의 개업 공인중개사님들과 전국 11만 개업 공인중개사님들에게 이 책을 바치며 감사를 전한다.

CONTENTS

1장

부동산 투자
지금 시작해도 늦지 않았다

2장

지긋지긋한 가난을 이겨내고
종잣돈을 만들라

3장

절대 지지 않는
부동산 투자 노하우

4장

상가, 공장, 창고 투자로 빠르게 부자 되는 비법

5장

부동산 투자가
부자로 가는 지름길이다

1장

부동산 투자
지금 시작해도
늦지 않았다

혼돈의 시대를 맞은
부동산 투자

우리는 지금 팬데믹(Pandemic)이 강요하는 한 번도 가보지 못한 길을 가고 있다. 기존의 생활 방식을 허물고 새로운 뉴노멀(New-Normal) 시대로 이미 들어갔다. 과거 우리가 귀중하게 여겼던 가치관들이 서서히 힘을 잃어가고 있고 스펙(Specification)과 학벌은 절대적인 가치로서의 자리를 위협받고 있다. 우리는 학교에서 다음과 같이 배우고 자랐다. 학교 땡땡이치면 안 되고 공부 열심히 해서 좋은 직장에 가서 열심히 일하고 저축해서 집을 사야 한다. 이렇게 정형화된 우리의 일반적인 라이프 스타일(Life Style)이 이제는 대전환을 맞이하고 있다. 전통적 직장의 개념이 바뀌고 있고 직주근접이라는 우리의 주거 문화도 새로운 전기를 맞고 있다. 이에 맞춰 우리의 부동산 투자도 새로운 패러다임(Paradigm)에 적응해야 할 것이다. 변화만이 변화를 극복할 수 있다. 이렇게 불확실성의 시대를 살면서 현명한 판단을 한다는 것이 만만한 일이 아니다. 이제는 대형 건물에서 군중들이 모이는 부동산, 즉 극장이나 대형 커뮤니티(Community) 시설은 이미 그 존재 자체가 한계 상황으로 내몰리고 있다. 비대면 (Untact) 소비로 인한 온라인 구매의 증가는 상가의 쇠퇴를 예고하고 있고 사람들로 늘 북적이던 예식장과 장례식장은 썰렁하기 그지없다. 매출 100대 기업의 88%가 재택근무를 하고 있고 업무 생산성은 정상 근무 때와 별 차이가 없는 것으로 나왔다고 경총(한국경영자총협회)은 밝히고 있다. 기업들은 비핵심 자산의 매각을 통하여 현금 자산을 확보하고 위기에 대처하고 있다. 갑자기 음산한 기운이 엄습한다. 뭔가 대책을 강구해야 미래에 살아남을 것 같다는 생각이 불현듯 드는 것은 나만의 기우이길 바란다.

우리는 과거 외환 위기와 금융 위기를 슬기롭게 이겨낸 적이 있다. 지금이 바로 그 위기의 정점에 와 있다. 이것을 한 단계 격상하기 위한 기회로 삼을 것인지, 아니면 넋 놓고 있다가 그때처럼 속절없이 당할 것인지 기로인 것이다. 이 엄중한 상황을 위기로 받아들이고 그에 대한 후속 상황을 염두에 두고 공부해야 한다. 정부의 다주택자들에 대한 페널티

(Penalty)에 가까운 세금 정책으로 빚내서 투자하는 갭투자는 사실상 어렵게 되었다. 그래서 다주택자들은 집을 정리하고 똘똘한 1채에 주목하고 있다. '강남 8학군의 중요성이 모호해지고 비대면 시대로 인해 온라인 수업을 진행하는 지금, 대치동 학원가의 존재 가치가 지금처럼 중요한 위상으로 남아 있을 수 있을까?' 하는 의문이 든다. 그리고 당장은 아니겠지만 이런 상황에서 서울 아파트 가격이 계속 오를 것인가를 고민해봐야한다. 하지만 지금의 20억이 넘는 고가 아파트 가격이 곤두박질쳐서는 우리나라의 경제 상황에서도 절대 도움이 되지 않으며 급격한 추락은 국가의 입장에서도 도래해서는 안 되는 끔찍한 시나리오 중의 하나이다.

40대 후반의 남자 후배 중개사가 사무소에 와서 대뜸 하는 말이 "형! 이제 블록체인으로 시대가 바뀌면 중개사들이 설 자리가 없다는데 직업 바꿔야 하는 거 아니야?"라고 묻는다. 장차 인공 지능이 우리의 직업을 대체하는 게 가능할까?

매물을 보여준다고 해서 무조건 다 성사된다고는 할 수 없고 중개사는 계약 외의 많은 부분을 조율해야 한다. 중개사의 역할은 물건을 소개하고 계약에 이르기까지 매도자와 매수자의 공동 관심사를 조율하고 계약이 성사될 수 있도록 감성적인 부분을 처리하고 계약이 이루어지고 난 뒤에 해야 하는 육체적인 AS까지 고려해야 한다.

희망과 절망

중개사의 일들은 고객들의 개인사까지 상담해주어야 하는 경우도 가끔 있다. 비가 많이 와서 비가 새면 중개사부터 찾는다. 직접 임대인과 임차인이 만나서 얘기하기 곤란하기에 중개사에게 도움을 청하면 문제 해결을 위해서 노력해야 한다. 인공 지능 로봇은 지금 물컵을 정교하게 잡는 것도 서툰 단계인데 당장 중개사라는 직업이 블록체인을 장착한 인공 지능으로 단기간에 대체되기는 힘들어 보인다. 하지만 시간이 지나면 어떠한 변화가 올지는 누구도 예측하지 못한다. 지금도 부동산 마케팅 시장은 디지털 기술을 이용하여 매물을 소개하고 있다. 『언컨택트 (Uncontact)』의 저자 김용섭 소장은 지금 다가오는 시대는 불편한 소통보다는 편리한 단절을 원하는 라이프 스타일을 추구한다고 이야기한다. 이제는 모든 제품과 모든 콘텐츠는 온라인 세상에서 거래가 이루어지고 있으며 부동산 역시 예외가 아니다. 과거 복덕방 개념의 중개사무소는 더는 자리보전을 하지 못할 것이다. 유튜브를 통한 부동산 매물 소개와 공인중개사 개인 홍보 수단인 퍼스널 브랜딩(Personal Branding)은 이미 보편화된 지 오래이다.

『김미경의 리부트』에서는 새로운 패러다임에 적응하는 최적화된 변화를 강조했다. 역할을 다한 과거의 내 능력과 관행을 털어내고 방식을 바꿔야 유능해질 수 있다고 이야기한다. 전산업에서 디지털 기술의 이용은 생존을 위해 필수가 된 지 오래다. 고객들도 이제 온라인상에서 매물을 보고 구매를 결정한다. 중개사무소를 직접 찾아오던 시대는 서서히 저물어가고 있다. 코로나가 몰고 온 경제 위기는 우리 생각보다 훨씬 심각하다. 수출에 의존하던 대기업들이 적자를 내기 시작했고 과거 아날로그 방식으로 일하던 근로자들이 직장을 잃는 것이 현실화되고 있다. 기업을 운영하는 CEO들도 한 번도 경험해보지 못한 경영 환경에 굉장히 낯설어하고 당황해하고 있다. 한 번도 가보지 않은 폭풍우가 몰아치는 바다 한가운데에 내팽개쳐져서 키를 어느 방향으로 조종해야 할지 막막해하고 있다. 코로나가 몰고 온 새로운 패러다임은 어떻게 정의될지 아무도 결론을 내리지 못하고 있다.

지인 중에 PC방에 납품하는 데스크를 만드는 중소기업 사장 K가 있다. 50대 중반의 나이에 남자 사장으로, 젊었을 때 고생해서 현재는 어느 정도 동종 업계에서는 나름대로 경쟁력 있는 기술력을 확보하고 있다. 경영하는 데 별문제 없이 지내오다가 코로나 여파로 지금 PC방 출입이 어려워지게 되자 주문 물량이 대폭 줄어들어 가족 같은 근로자들을 해고하고 많이 괴로워하고 있다.

K는 심성이 원래 착하고 정이 많은 사람으로 남에게 원망 사는 일을 하지 못하는 성격이라 너무 하기 싫은 일이었다고 고백했다. 운영비를

아끼려고 식당에서 주문해서 먹던 점심을 부인이 직접 준비해서 경비를 절약하고 있다.

K는 '이 상황에서 얼마나 버틸지 모르겠다'고 한다. 나 역시 해줄 수 있는 게 없는 상황이라 빨리 이 지겨운 혼돈이 지나가기만을 기다린다.

이처럼 기업과 개인이 방향을 잡지 못하고 흔들리고 있다. 코로나는 우리가 사는 모습도 근본적으로 변화시키고 있다. 결혼식도 친지들만 불러놓고 조촐하게 진행하고 있으며 장례식도 찾아오는 이가 뜸하고 대형 장례식을 주도하던 상조 업체들도 된서리를 맞고 있다.

빨리 이 혼돈의 시대가 종말을 고하고 코로나 이전의 시대로 돌아가야 하겠지만 영영 그 시대로 돌아가지 못할까 두렵다. 마스크를 하지 않는 민얼굴들을 보고 싶다. 그리운 얼굴들이 미치도록 보고 싶다. 산업 전 분야에서 변화를 요구하고 있고 부동산 역시 코로나 이후 시대는 어떠한 형태로든 변화가 불가피하게 보인다. 이제는 온택트(Ontact) 시대에 맞게 부동산 활동과 부동산 투자를 진화시켜야 살아남을 수 있다는 절박한 심정이다.

또 다른 케이스의 사장님이 있다. 60대 초반의 캐노피(천막)를 제작 생산하는 업체 사장님이시다. 사장님은 앞서가는 열린 사고방식으로 캐노

부동산 투자 지금 해도 늦지 않다

피 업계에서는 좋은 평이 나 있다. 직원들에게도 항상 종업원 이전에 한 인격체로서 대우하는 것을 경영 이념으로 삼고 계시는 훌륭한 기업인으로 필자도 존경하는 분이다. 내가 사장님의 공장을 6년 전에 매수해 드렸고 공장 운영이 잘되고 있어서 내심 흐뭇하게 생각하고 있었는데 코로나 여파로 인해 각종 행사 업체가 행사를 더는 하지 않아 캐노피가 전혀 팔리지 않았다. 그래서 낙담을 하고 있던 차에 대형 군중들이 모이는 행사는 개최되지 않아도 가족 단위의 소그룹 여행이 활성화되면서 여행용 캐노피 주문이 폭증했다. '세상에 죽으란 법은 없다.'라고 한다. 한쪽 문이 닫히면 다른 쪽 문은 열리는 게 또 세상 이치인가 보다.

02

귀농 귀촌이
답인가?

우리나라의 고령화는 세계 1위 수준이다. 65세 이상 노령 인구가 12%를 넘어섰다. 평균 수명도 날이 갈수록 늘어나 20년 이상을 더 살게 되었다. 기대 수명이 100세를 돌파하였고 정말 운이 없으면 120세까지 산다는 얘기가 나온다. 30년을 일해서 40년 이상을 버텨야 한다. 도시에서는 몇몇 전문직을 제외하고는 마땅히 노인들을 받아줄 일자리는 별로 없다. 대기업에서 임원으로 활동하다가 택배 분류 일을 한다는 분이 있는데 평생을 책상에 앉아서 정신노동을 하다가 육체노동을 하려니까 몸이 적응하지 못해서 애먹었다고 한다. 그렇게 버는 돈은 150만 원 남짓이다. 물론 이것이 적은 돈은 아니지만 2인 가족이 생활하기에는 턱없이 부족한 액수다.

은퇴 창업은 실패 확률이 굉장히 높다. 5년 후에 살아남을 자영업자는 거의 없다는 것을 통계가 말해준다. 무작정 '묻지 마 창업'은 위험하기 그지없다. 동종업에 대해서 충분히 공부하고 퇴직하기 몇 해 전부터 동종업에서 아르바이트도 해보고 준비해서 자신감이 생겼을 때 결정해야 한다. 은퇴 창업을 하게 되면 인건비 절약 차원에서도 가족 창업을 권하고 있는 세상이다. 최고의 은퇴 준비는 은퇴하지 않는 것이지만 해야 한다면 최선의 방법을 찾아야 할 것이다.

그럼 도시에서 고달프게 노후를 보내는 것보다는 시골 생활이 보통 남자들의 로망이라고 했던가? 그러나 뚜렷한 대책 없이 시골 생활을 하다가는 낭패를 보기 십상이다. 귀농, 귀촌 시에는 반드시 부부가 합의하여 내려가야 하며 그렇지 않을 경우, 아내가 우울증이 심해져서 다시 도시로 돌아오는 경우가 적지 않다고 한다. 본인의 적성만을 따져보고 배우자의 적성을 고려하지 않은 결정은 위험하다. 나도 가끔 처갓집에 가서 농사일을 해보면 정말 세상에서 제일 힘든 일이 농사일이다. 단 하루만 일해도 입에서 단내가 날 정도고 어깨, 허리, 멀쩡한 데가 없다. 나중에는 머리까지 띵해지며 온 삭신이 쑤신다. 정말 각오하고 가야 한다.

정부에서 귀농, 귀촌을 지원금 제도로 장려한 때가 있었다. 초기 정착 비용에 포커스(Focus)를 맞춰 정착 비용을 주로 지원하는 제도였다. 그러다 보니 사후 관리가 되지 않아서 농촌을 떠나는 사람들이 많아졌고 지원 정착금의 부정 수급 문제 등 여러 문제점이 발생하게 되었다. 일단 귀농하려는 사람들은 농가 주택을 임대해서 한동안 살아보고 자신이 생길 때 내려가는 것이 실패하지 않는 최선의 방법이다. 잘 모르다 보니 귀농, 귀촌 센터를 의지할 수밖에 없는데 완전히 믿었던 귀농, 귀촌 센터에서 의외로 사기를 당하는 예가 많았다. 귀농, 귀촌에 대해서 잘 모르는 도시 사람들에게 사기치는 예가 많기에 조심해야 한다. 그러나 성공하는 예도 많다. 경상북도 영주시에 귀농한 '영주 마실 푸드엔 헬스'의 김미숙 대표가 있다. 그녀는 귀농하지 말자는 남편을 지속해서 설득하여 결국 귀농하여 성공한 케이스다. 영주의 특산물인 사과, 아로니아를 재배하면서 가공과 직접 농촌 체험 활동을 연계하는 그야말로 잘 구성된 마케팅 기법으로 고소득을 올리는 귀농 성공 사례자다.

귀농의 허와 실

김 대표는 귀농 전에 철저하게 자신의 분야를 연구했으며, 산삼 배양 근을 키우는 회사에서 '조직 배양 전문가'로 귀농 근육을 단련하기도 했다. 그녀는 영주 지역의 특산물인 사과를 이용한 가공과 아울러 아로니아의 건강식품으로의 효능을 익히 알아보고는 현대인의 최고 관심사인

건강과 접목한 제품을 생산하여 공급함으로써 실패하지 않는 귀농인의 귀감이 되었다.

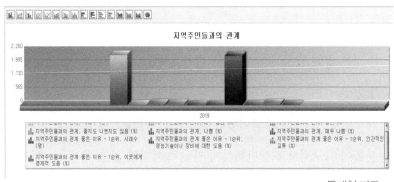

귀농인들의 가장 큰 문제점은 익숙지 않은 육체노동과 낯선 지역의 주민들과의 융합을 들고 있다. 지역 주민들과의 관계에 있어서 좋은 경우와 나쁜 경우가 엇비슷하게 나왔으며 이웃과의 관계를 원만하게 하는 이유가 경제적 도움, 인간적인 교류, 영농기술이나 장비에 대한 도움 등으로 나타났다. 지역 주민들의 일명 텃세도 고려하여 해결책을 강구하여야 한다. 귀농, 귀촌에서 가장 걸림돌이 지역 주민과의 화합이라고 하니 일단 잘 섞이는 것이 귀농, 귀촌의 성공 조건인 것 같다.

그리고 귀농해서는 당분간은 수입이 없을 것을 생각하여 어느 정도의 예비금은 준비하는 게 현명하다. 그리고 한 달 생활비를 예상하고 규모 있는 생활을 해야지 도시에서 사는 것처럼 소비해서는 정착하기 어렵다는 사실을 알아야 한다. 시골에서 살아본 경험이 있으면 좋지만 그렇지 않은 경우는 여러 가지 예상치 못한 문제들로 인해 도시로 돌아오는 사람들도 있어서 현지 적응 기간을 갖기 위해서는 시골 농가 주택을 임차하여 살아보고 결정을 내리는 것이 좋을 것이며, 나이가 들어서 제일 필요한 것은 병원 근처에 살아야 한다는 것임을 명심해야 한다. 시골은 문화시설이나 대중교통 등이 생각보다 불편하다는 사실을 알고 있어야 한다. TV에서 인기 프로그램이었던 〈나는 자연인이다〉에서 시골에 정착하신 분들이 나오셔서 허심탄회하게 자연 속에서의 삶을 예찬하는 멘트가 많이 나오지만 어디까지나 방송용이라는 말을 하고 싶다. 그들 중에서 "시골이 불편해서 정말 짜증나요. 곧 도시로 나갈 거예요."라고 말하는 사람은 본 적이 없다. '정작 불편하다는 얘기나 시골 생활의 나쁜 점 등은 편집된 게 아닐까?' 하는 생각을 해본다.

　코로나가 몰고 온 지금의 상황은 우리의 생활 패턴 자체를 획기적으로 변화시키고 있다. 비대면이 일반화되고 있는 사회 분위기이다. 접촉을 꺼리고 결혼식도 가족끼리만 한다. 장례식장도 말할 것 없다. 언택트 시대가 온 것이다. 그래서 사람들이 붐비는 곳을 의도적으로 피하는 사회 분위기가 감지된다. 그래서 도시의 밀집 형태의 주거 형태에서 벗어난 시골 생활이 정답이라는 사람이 늘어나는 것도 사실이다. 필자는 노후에는 건강을 고려해서 시골에서 사는 것도 방법이라고 생각한다. 하지만 시골 생활을 하며 적당한 수입을 올리지 못하고 빚만 지고 시골 생활을 정리하는 사람들을 볼 때, 귀농이 결코 낭만적인 노후 생활의 형태는 아니라는 사실과 어느 정도의 일정한 수입을 올리려면 몸이 고단할 정도의 노력이 수반된다는 것을 독자들이 명심하기 바란다.

어느 경비원의
처절한 죽음

정년퇴직하고 직장을 구하기 위해 백방으로 알아보던 우리의 가장들이 생계 수단의 마지막으로 선택하는 직업이 바로 아파트 경비원 일자리이다. 그러나 아파트 경비원은 을이고 아파트 입주민 대표 회장은 갑이며 신이다. 그런 신에게 감히 을은 어떠한 부당한 대우에도 항의하지 못하고 속으로 삼킬 수밖에 없을 것이다.

서울 강남구 압구정 OOO아파트에서 경비원 L씨가 분신을 시도했다. 아파트 주민 중 한 명은 베란다에서 음식물을 던지며 "주워 먹어라."라는 등의 동물에게나 하는 말을 일삼으며 학대했다. 견디다 못한 경비원 L씨는 주민들과의 계속되는 갈등과 싸움에 지쳐 더 이상의 삶의 끈을 연장하는 게 무의미하다는 걸 깨닫고 결국 극단적인 선택을 할 수밖에 없었고, 주민들에 의해 발견되어 얼마간의 치료를 받다가 결국 싸늘한 주검이 되어 생을 마감했다.

서울 강북구 우이동 한 아파트에서 성실하게 근무하다 주민과의 주차 시비로 극단적 선택을 한 경비원 C씨를 기억할 것이다. 고인은 아파트 주차 문제로 주민과 갈등을 빚은 뒤 억울하다는 유서를 남긴 채 한 많은 삶을 마감했다. 고인이 죽기 전까지 피를 말리는 시간들이 죽음보다 더 맞닥뜨리기 싫었던 어두운 터널로 그를 밀어넣었을 것이다. 그는 유서에서 가해자 주민에 대한 두려움과 미움을 절절하게 표현했다. 그리고 마지막 문구에는 억울함을 호소하는 "결백을 밝혀달라."라는 언급을 끝으로 그는 영면의 길을 택했다. 그 문구는 한 경비원을 죽음으로 내몰았던 가해자인 우리 공동체 구성원 모두에게 던지는 처절한 메시지였다. 그러나 무심한 가해자는 끝내 외면하고 시간이 흘러서 점점 그 안타까운 사연은 우리의 망각 속에서 작은 메아리로 남고 말았다.

다음은 그가 마지막 초를 다투는 얼마 남지 않은 이승에서의 시간에 남긴 내용이다.

"잠 한 번 편히 못 잤습니다. 경비실에서 자면서요, 언제 와서 때릴까, 언제 또 들어올까, 해코지할까."

원래 필자는 이런 상황을 많이 겪어봐서 알고 있다. 차라리 맞고 나면 괜찮다. 그런데 그 기다림 가운데 공포는 아마 군대 다녀온 대한민국 남자라면 다 알 것이다. 그 기나긴 공포의 시간은 견디기 힘든 시간이며 더군다나 나이가 열 살이나 어린 사람에게 폭력적으로 당한다는 것은 모멸감을 견디기 힘든 수치의 시간이었을 것이다. 계속되는 내용은 다음과 같다.

"화장실로 끌고 들어가 문을 잠그고 CCTV를 3차례나 있나 없나 확인하고 '아주 이XX, CCTV 없구나, 잘됐구나, 이XX, 아주 너, 아주 너 오늘 죽어봐! 이XX야, 그래가며 모자를 벗겨 때리기 시작했습니다."

폭행 사실을 신고했다는 이유로 다음 날 경비실로 찾아와서 보복 폭행을 가하기 시작한 걸 고인이 증언한 내용이다. 가해자의 폭력은 이어졌고 그의 분이 풀리기까지 계속됐다. 애원하고 빌어도 봤지만, 폭력의 강도만 높아졌을 뿐이라고 증언한다.

"경비하는 게 무슨 죄가 있습니까? 나 빌어도 봤습니다. 제발 용서해주세요. 나 진짜 작은딸, 큰딸 아이들 챙기려면 돈 벌어야 합니다."

나는 개인적으로 가해자를 내가 군대 생활했던 1984년도 무렵 속초 개발단(H.I.D)이라는 곳에 데려다 놓고 정말 개 패듯이 패고 싶다는 마음이 저 밑에서부터 끓어오른다. 가해자는 맞는다는 것이 무엇인지 아는지 나는 묻고 싶다. 나는 개발단에서 온갖 무기들로 맞아본 경험이 있다. 야전삽, 곡괭이, 낫, 야구방망이, 뭐 건축할 때 사용하는 연장이란 연장은 가릴 것 없이 다 맞아본 경험이 있다. 수갑 차고 꼼짝 못 하게 묶인 상태에서 팬티 바람으로 그것도 동짓달 엄동설한에 설악산 기슭에서 검은 호스로 3시간을 맞아봤다. 군대 생활 6년 하면서 정말 엄청나게 맞아보고 고생했던 적이 있다. 그것도 젊었을 때의 일이다.

죽음보다 깊은 불신

그런데 자기보다 열 살이나 많은 연장자를 저렇게 대하다니 정말 저런 사람은 개발단에 가서 비 올 때 먼지 나도록 맞아야 정신 차릴 것 같다. 필자도 딸 둘을 키우는 아빠의 심정으로 정말 가슴이 먹먹해지는 심정을 누를 수가 없다. 어린 시절 동네에는 흔히 넝마주이라고 일컬어지는 일단의 거지 무리들이 있었다. 지금은 동냥하는 사람들이 없지만, 우리 어린 시절에는 이런 사람들이 많았다. 그 사람들에게도 우리는 정말 우리가 먹을 것이 없더라도 기꺼이 우리의 먹을 것을 나누어주는 인정을 베

풀었던 우리 국민이었다.

옛말에 "동냥은 못 줄 망정 쪽박은 깨지 마라."라는 속담이 있다. 그 사람의 생계 수단, 즉 먹고사는 문제 가지고 장난치지 말라는 의미다. 우리의 정서는 이처럼 정이 넘치는 사회를 구현하고 싶다는 선현들의 생각이 담겨 있는 속담에서 보듯이 정이 넘치는 살 만한 사회였다. 생계를 위한 처절한 몸부림을 가차 없이 매몰차게 외면한 가해자는 정말 자식이 있는 가장일까? 필자는 그를 향한 증오의 의구심을 떨쳐버릴 수가 없다.

마지막 그의 증언이다.

"이 세상, 정말 행복했습니다. 아이 러브 유, 사랑합니다. 여러분들, 제 결백을 밝혀주세요. … ○○ 엄마, 도와줘서 고마워요, 은혜는 저세상에서 꼭 갚을게요."

그는 가슴 아픈 사연을 남기고 까만 밤하늘에 별이 되고 말았다. 유족들의 가슴에 커다랗게 남은 구덩이는 누가 메워줄 것인가? 살아남은 우리들의 숙제가 아닐 수 없다. 부디 유족들은 고인의 유지를 받들어 행복하게 남은 생을 잘 살기를 간절히 바란다.

경비원 폭행 입주민 가해자는 현재 재판 중인데 국선 변호인마저 변호를 포기했다고 한다. 검찰은 A씨에게 특정범죄가중처벌법 위반(보복감금·

상해·보복폭행)을 비롯해 무고, 강요 미수, 협박, 상해 등 총 7개의 혐의를 적용하고 재판을 기다리고 있다. 경제적인 약자와 강자가 존재하는 현실이 비참하게 느껴질 뿐이다.

우리는 주체적인 인격체이다. 인간으로서 대우를 받아야 하고 그 누구에게도 돈 때문에 부당한 대우를 받아서는 안 된다. 우리는 다 소중한 누구의 아빠이고, 소중한 누군가의 자식이고, 남편이고, 아내이기 때문이다. 그뿐인가? 지금도 의지할 데 없는 독거노인이 얼마나 많은가? 폐지를 줍고 그것을 생계 수단으로 삼고 있는 노인들이 아직도 많다. 사회보장제도가 아무리 잘되어 있다고 하더라도 일일이 국민 한 명 한 명을 전부 만족하게 해줄 수는 없는 노릇이다. 정말 우리가 사람다운 인생을 살기 위해서는 필요한 것은 돈이다.

지금이 바로 부동산 투자의 시기다. 그래서 돈을 벌어야 한다. 젊었을 때부터 부동산에 관심을 가지고, 공부하고 경제적인 마인드로 무장해야 한다. 부동산 투자 시기가 언제냐고 묻는 사람들이 간혹 있다. Right Now! 지금 당장보다 더 싼, 지금 당장보다 더 좋은 기회, 지금 당장보다 더 좋은 시기란 부동산에서는 없다. 내일은 오늘보다 더 올라 있기 때문이다. 비참한 노후를 맞지 않기 위해서라도 젊어서 사서 하는 공부는 필수인 듯하다.

04

남은 노후는
경제적 자유인으로
살아라

    베이비붐(Baby boom) 세대들이 본격적으로 은퇴해서 노후를 맞고 있다. 본인들이 고생해서 자식들을 양육하고 가르치고 부모 세대를 부양한 마지막 세대이다. 동시에 전쟁의 폐허 속에서 세계 최빈국을 당당히 선진국 대열로 끌어올려 찬란한 대한민국으로 우뚝 세운 경제 성장의 아이콘 역할을 충실히 수행해온 세대이다. 그들이 은퇴하고 있다. 경제 일선에서 앞만 보고 달렸던, 참으로 고단하게 살았던 세대들이다. 영화〈국제시장〉에서 연출됐던 내용 그대로 파독 광부로, 파독 간호사로, 혹은 모래바람의 땅 중동에서 달러를 벌기 위해 젊음을 바치고 가족들을 위해, 나라를 위해 희생을 강요당했던 불행한 세대이기도 하다. 그렇지만 이제 그들이 열심히 노력했지만, 노후는 아무도 보장해주지 않는다. 나라가 책임져주지도 못하고 알뜰살뜰 양육했던 자식들도 외면하는 구차한 노인들일 뿐이다.

1955년부터 1963년 사이에 태어난 약 700만 명의 베이비부머들이 대거 은퇴했다. 이들이 노후가 준비되지 않은 상태로 사회로 쏟아져 나오고부터 은퇴 쇼크로 인한 사회 문제로까지 비화되었다. 은퇴하게 되면 당장 마약 같기도 했던 월급 현금 라인이 사라졌기 때문에 생활의 어려움은 현실이 되며 부부 기준 생활비가 월 225만 원 정도가 든다고 하니 수입과 건강을 위해서 재취업을 원하는 은퇴 구직자들은 많은데 그것을 수용할 만한 사회적인 구조가 뒷받침을 못 해준다. 은퇴자들이 일단 돈을 들여 창업하기보다는 자신의 자산 상태나 건강 상태 등을 면밀히 살펴보고 자신의 인생 2막 설계를 먼저 해야 한다는 것이다. 최근에는 자영업자들이 5년 이내에 그만두는 경우가 거의 95% 이상이라고 한다. 무턱대고 치킨집이나 음식점을 목돈 들여 창업했다가 낭패 보는 경우가 다반사이다.

우리나라 국민의 평균 자산이 4억 원이라고 한다. 금융 자산이 6천만 원, 부동산이 3억 4천만 원 정도가 된다고 한다. 여기에 자녀 리스크로 교육 비용과 결혼 비용을 획기적으로 개선하지 않으면 노후 자금이 바닥나고 지금의 일본처럼 노후 파산 문제가 심각해지는 사회 문제가 될 수 있다. 우리나라는 현재 평균수명이 꾸준히 늘어가고 있다. 의료 체계는 세계 최고 수준이며 건강보험 시스템은 거의 세계에서 전례가 없다. 100세 시대를 넘어 120세 시대를 곧 맞이하게 될 것이다. 건강하게 살다가 죽음을 맞이하면 좋겠지만 통상 5~6년은 병치레를 하고 죽음을 맞이한다고 하니 가뜩이나 부족한 노후 자금에 그 돈도 만만찮다.

세계사에서 찾아볼 수 없는 눈부신 경제 발전을 이루었지만 정작 부속품으로 살아왔던 우리의 경제 일꾼들이 빈곤한 노후를 맞고 있는 현실이 참으로 야속하다. 은퇴자들이 제일 만만하게 달려드는 직업이 자영업이며 그중에 대표적인 것이 치킨집 창업이다. 선배 K 역시 주변의 만류에도 불구하고 결국 자영업 대열에 뛰어들었다가 그만둔 전형적 사례이다.

선배 K는 대기업 건설회사에서 열심히 일해왔던 전형적인 베이비부머이다. 현역 시절에 중동에서 리비아 대수로 공사 등 중동 건설 역사의 새로운 패러다임을 창조하는 데 일조했고, 건설 현장에서 젊음을 불사르던 건설 현장의 역군으로 살다가 은퇴했다. 젊었을 때부터 술은 마다하지 않았다. 막걸리부터 소주, 맥주 가리지 않는 두주불사형이라 한번 시작하면 끝을 보는 스타일이어서 술을 끝까지 대작하는 사람을 나는 못

본 것 같다. 은퇴하고 몇 달을 쉬더니 도저히 안 되겠다며 일거리를 찾아 다니더니 결국은 치킨집을 만만하게 생각하고 열었다. 술도 좋아하는 호방한 성격이라 잘 맞는 직업인 듯했다. 그러나 오픈하고 2년을 못 채우고 사업을 접었다. 동네에서 2개뿐이던 치킨집이 5개로 늘더니 정말 서로 치킨 게임 하다가 인건비도 나오지 않는다고 푸념을 늘어놓더니 결국은 가게를 접었다. 이렇게 은퇴 자영업은 5년 이상 버티는 경우가 드물다.

노후의 은퇴자금

이제는 60세에 은퇴하고 100세까지 살려면 10억 원의 돈이 필요하다고 한다. 노후 준비라는 것은 돈을 모았다가 경제 능력이 없어지면 쓰는 게 아니라 현금 흐름이 멈추지 않도록 계속 현 상태가 유지되도록 하는 것이다. 곶감 빼먹듯이 빼먹다가는 금방 바닥이 드러날 것이기에 빼먹고는 바로바로 채워 넣을 수 있는 경제 역량을 키워야 한다. 유튜브를 보면 은퇴자들의 성공 사례가 많이 나온다. 더군다나 1인 기업으로 우뚝 서서 고소득을 올리는 유튜버들도 많다. 그런 사람들을 우리는 벤치마킹할 필요가 있다. 이제 은퇴 준비는 선택이 아니고 생존을 위해서 절대적인 필수가 되고 말았다. 은퇴자들이 한결같이 하는 말은 노후 준비는 보통 은퇴하고 나서 한 몇 개월 쉬어보고 그때 가서 생각해보자고 한다. 너무 늦다. 현역에 있을 때부터 은퇴 준비를 해야 하고 은퇴 준비는 빠르면 빠를수록 좋다.

그렇다고 은퇴자 전부가 유튜버가 될 수는 없다. 그것도 적성에 맞아야 하고 누구나 다 준비한다고 되진 않지만, 당신이 하찮게 여기는 당신의 소중한 경험과 지식이 대중들에게는 특별한 콘텐츠(Contents)가 될 수 있다는 것이다.

성공한 사람들은 한결같이 고난을 극복하는 방법이 남달랐다. 고난을 고난으로 받아들이기보다는 고난으로 스스로를 한 단계 더 업그레이드시키는 계기로 삼는다는 것이다. 현대를 사는 모든 사람에게 고난은 있게 마련이다. 하지만 그 고난을 맞이하는 태도에서 그 사람의 내공과 저력이 드러나고 오히려 고난을 즐기는 듯한 태도마저 보인다. 자신을 단련시키는 계기가 되기 때문이다.

은퇴는 이전 현역에서 해보지 못한 경험을 해볼 절호의 찬스이기도 하다. 현역에서 어떤 일을 했건, 어떤 지위에 있었건 그건 그때 일이다. 이제는 모든 과거를 내려놓고 새로운 일에 도전할 때에는 신입 사원 때의 초심으로 돌아가야 성공할 확률이 높아진다. 얼마 전에 지병으로 타개하신 삼미그룹의 부회장까지 지내신 고 서상록 님을 기억할 것이다. 고인은 "내 인생 내가 사는데 왜 상관이냐"라며 고인이 하는 일에 상관하지 말라며 자기 일에 자부심이 대단하신 분이셨다. 고인은 고려대 정외과를 나와서 도미하여 부동산업으로 크게 성공하였으나 미국 하원의원 선거에 내리 3번 낙선하고 삼미그룹 미국법인에서 부회장을 지내시다가 삼미그룹이 도산하자 한국으로 오셔서 프랑스식 레스토랑 '센 부른'에서 웨이터를 시작했다. 젊은 고참 웨이터들에게 인사를 90도로 깍듯이 하고 일을 배웠다고 한다. 사람이 습관이라는 것을 하루아침에 바꾸는 것은 정말 어려운 작업이다. 몇십 년을 남에게 섬김을 받는 자리인 대기업의 부회장으로 살아오신 분이 낮은 곳에서 젊은 사람들을 섬기는 서비스업을 하겠다는 발상 자체가 너무나 파격적이고 신선하다.

그에게 기업의 사장직을 제시한 기업도 있었지만 사양하고 웨이터를 고집하였다고 한다. 이렇게 자신이 처한 위치에서 최선을 다하고 현역에서 있었던 과거를 모두 내려놓고 용기 있는 삶을 사신 분은 그리 흔치 않다. 체면을 중시하는 한국 사회에서는 좀처럼 하기 힘든 용기 있는 일이다. 고인의 열린 생각은 은퇴를 앞둔 모든 분의 귀감이 되는 충분히 훌륭한 케이스다. 우리는 고 서상록 님의 예에서 봤듯이 자신이 좋아하는 일을, 가슴 뛰는 일을 해야지 성공할 확률도 높고 삶에서 중요한 자아 실현은 덤으로 얻어지는 게 아닌가 하는 생각이 든다.

우리는 젊었을 때 선택했던 일은 대부분 내가 좋아서 하는 일이기보다는 정말 먹고살기 위해서 하기 싫더라도 했던 일들이 많다. 의무감과 책임감으로 하고 싶지 않은 일을 했을 사람도 있을 것이다. 그렇지만 인생 2막에는 정말 내가 가슴 뛰는 일을 해야 한다. 그래야 이 세상 갈 때는 미런이 남지 않을 것이다.

　남을 위해 전적으로 살 필요도 없지만 내가 가지고 있는 조그마한 재능으로 말미암아 누군가에게 행복을 줄 수 있고 누군가가 나로 인해 변화되었다는 소식을 접하면 내가 살아 있는 이유에 대한 의미를 더해줄 것이다. 그래서 봉사와 희생은 위대하다. 그것으로 돈까지 벌 수 있다면 얼마나 가슴 뛰는 일이겠는가?

준비 덜 된 노후는
지옥이다

준비가 안 되거나 덜 된 노후는 지옥이다. 얼마 전 일본 NHK는 "장수가 악몽이 되는 시대를 대비하라"라는 화제의 다큐멘터리를 방영한 바 있다. 일본 열도를 뒤흔드는 충격이었다. 열심히 살아왔으나 이런 노후를 맞이할 줄 몰랐다. "죽고 싶다", "지금까지 내 인생은 뭐였나"라는 게 일본 노인들의 반응이었다. 일본보다 한국의 노인 문제는 더욱더 심각하다. 파산한 노인분들의 인터뷰에서 나오는 내용이다. 연금으로 생활은 연명하지만, 질병에 걸렸을 때 병원비가 제일 무섭다고 증언한다. 더욱이 파산자 중에 동거인이 없는 싱글이 전체의 60%를 차지한다. 그만큼 결혼 생활을 하지 않거나 이혼한 사람들이 파산한 경우가 많았다. 규모 있는 지출을 하지 못한 탓이다. 우리나라는 OECD 국가 중 노인 빈곤율이 1위이다. 국민연금 수혜 연령이 점차 늦어져 현재 60세 연금 수령 시기가 5년에 1세씩 늦춰져 2033년이면 65세에 수령을 하게 된다. 이마저도 받지 못하는 소득 하위 노인 가구도 많다. 겨우 집 한 칸 마련했는데 재산세와 종부세의 부담으로 노인들의 빈곤은 심화되고 이를 감당 못 해서 살던 집을 정리하는 노인 가구도 꽤 된다. 젊은 청년들도 일자리를 구하지 못하고 있는 실정에 나이가 든 노인 연령층은 말할 것도 없다. 우리나라의 경우 개인 근로 능력이 없는 노인이야말로 개인회생은 그림의 떡이다.

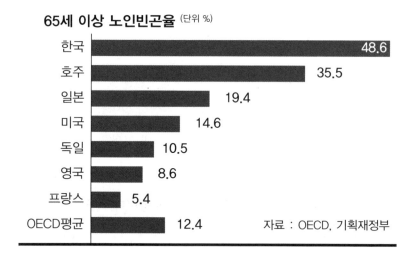

65세 이상 노인빈곤율 (단위 %)

한국	48.6
호주	35.5
일본	19.4
미국	14.6
독일	10.5
영국	8.6
프랑스	5.4
OECD평균	12.4

자료 : OECD, 기획재정부

부동산 투자 지금 해도 늦지 않다

부끄러운 자화상인 노인 자살률이다. 우리 사회 이면에 있는 부끄러운 현실이지만 결코 외면할 수 없는 현실을 우리는 거론하고 이슈화하여 노인 자살률을 끌어내려야 한다. 한국 사회처럼 자살을 많이 하는 나라는 없다. OECD 1위다. 벌써 몇 년째 1위를 수성하고 있는지 모른다. 유명인들의 자살은 정말 우리 사회에 끼치는 해악이 너무 크다. 이들이 자살할 때는 오죽했으면 하겠냐마는 남은 가족들과 또는 일반인들의 모방 자살률을 부추기는 듯하기 때문에 사회에 경종을 울리는 차원에서라도 유명인들의 자살은 여기서 그만해야 한다. 살아서 모든 시시비비를 가려야지 무책임하게 자살을 해버리면 우리 사회의 불명예스러운 자살 대국 오명의 꼬리표가 붙는 수치스러운 악순환의 고리는 계속 이어지고 만다. 최근에는 특히 노년층의 자살률이 늘고 있다. 원인은 육체적 질병 문제, 개인사 등이었다.

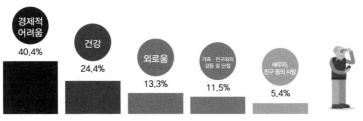

노인이 자살을 생각하게 하는 주요원인 〈보건복지부 2014년 노인실태조사〉

경제적
어려움
40.4%

건강
24.4%

외로움
13.3%

가족·친구와의
갈등 및 단절
11.5%

배우자,
친구 등의 사망
5.4%

노후의 함정, 높은 자살률

노인 자살은 더는 방치해서는 안 되는 사회악이다. 노인들은 과거 대한민국이 어려운 역경에 처했을 때 온몸으로 이를 극복한, 후천적 난관 극복 DNA를 가지고 있는 저력이 있는 분들이지만, 시간이 흘러 노년에 경제적인 문제와 개인사로 인해 힘없이 무너져내리고 만다.

국가와 우리 사회가 나서서 막아야만 된다. 고독사는 노인들이 외로움에 몸부림친 흔적이다. 외로움은 노인들에게는 가난과 질병만큼이나 극단적인 선택을 하게 만드는 주요 원인이다. 국가가 나서서 노인들의 외로움과 고독을 치유해 줄 수 있는 구조를 만드는 것이 시급하다. 노인들 중 경로당이나 주민센터 내 복지관 등에서 시간을 보내는 분들의 자살률은 높지 않다. 인간은 사회적 동물이다. 그래서 그들만의 사회를 만들고 단체 안에서 희로애락을 경험한다. 집단에 소속되었다가 해제된 은퇴자들 가운데 정서적 불안정과 우울증 등을 호소하는 분이 많은 것도 사회성의 해체로 인한 후유증이 대부분이다. 외로움은 또 다른 형태의 질병이다. 질병을 방치하면 그 사회도 나라도 중병에 걸리고 만다.

공인중개사 중에 나이가 지긋하신 분이 계시다. 80대 초반이고 남자분이다. 현역으로 있을 때 나름대로 열심히 사업을 하고 자신의 분야에서는 어느 정도 인정받고 사업 영역을 확장하던 중에 IMF 외환 위기를 맞았다. 자신이 잘 모르는 사업에 투자하였다가 수익이 나지 않았고 무리한 차입 경영으로 결국 회사를 접으시고 관련업에 종사하시면서 재기를 시도했으나 실패하고 자영업과 재취업을 반복하시면서 어려운 생활을 이어나가던 중 우연히 아파트 경비를 하시다가 공인중개사 시험에 도전해서 늦은 나이였지만 60대에 자격증을 취득하고 지금은 하루도 빠짐없이 연중무휴로 중개사무소를 운영하시며 건강하게 살고 계시다. 파산 직전이었던 노후 생활을 여유 있는 노후 생활로 리디자인(Redesign)한 성공적인 사례이다.

노후는 자신만의 값진 경험에서 우러나온 독특한 노하우의 축적을 잘만 이용하면 그것을 수입으로 연결할 수 있는 기회가 얼마든지 있다. 1인 지식 기업가로 성공한 노후를 보내고 있는 유튜버들이 일상생활에서 흔히 사용되는 콘텐츠로 성공한 사례가 이를 증명한다.

정신건강 십계명

(대한신경정신의학회 제공)

1. 긍정적으로 세상을 본다.

2. 감사하는 마음으로 산다.

3. 반갑게 마음이 담긴 인사를 한다.

4. 하루 세끼 맛있게 천천히 먹는다.

5. 상대의 처지에서 생각해본다.

6. 누구라도 칭찬한다.

7. 약속 시각에는 여유 있게 가서 기다린다.

8. 일부러라도 웃는 표정을 짓는다.

9. 원칙대로 정직하게 산다.

10. 때로는 손해 볼 줄도 알아야 한다.

06

부동산 투자
지금 시작해도 늦지 않았다

이 세상에 늦을 때가 존재하는가? 무엇을 시작하기에 늦었을 때란 없다. 100세 시대에 50세가 되었다는 얘기는 이제 인생 절반을 살았다는 것이다. 뭘 하기에 적당한 나이이다. 영국의 문학가 새뮤얼 존슨(Samuel Johnson)은 "짧은 인생은 시간 낭비 때문에 더욱 짧아진다."라고 말했다. 늦었다는 생각이 들면 뛰어가면 된다. 부동산 투자에서 지금보다 더 빠른 타이밍이란 없다. 지금이 제일 빠른 시기이다. "부동산을 언제 사야 할까요?"라는 질문에 대한 답은 "Right now!!"이다. 왜냐하면, 내일은 오늘보다 더 올라 있고 진입 장벽은 더 높아져 있기 때문이다. 코로나로 인해 경기가 굉장히 불안해진 상황이지만, 부동산은 비가역성의 영향으로 한번 올라간 가격은 내려오기가 쉽지 않다. 시중에 풍부한 유동성으로 인해 갈 곳 잃은 돈이 투자처를 찾지 못하고 헤매고 있으며 사상 유례 없는 초저금리가 지속되면서 돈들이 부동산으로 몰리고 있다. 요즘 젊은 사람들을 중심으로 주식 투자 열풍이 불고 있고 동학 개미들로 대변되는 일단의 투자자들이 주가 상승에 일조하고 있다는 것이다.

그러나 주식으로 수익을 내고 재미 봤다는 사람보다는 손해를 본 사람들이 더 많은 것은 아마도 적은 금액으로 투자가 가능하기에 부동산보다는 상대적으로 진입 장벽이 낮은 까닭이다. 나 역시 아무런 준비 없이 30대 때 주식에 투자했다가 증권회사에 수수료만 꼬박꼬박 갖다주고 투자금을 날린 적이 있다. 대한민국 국민이라면 한 번쯤은 그런 경험이 있을 것이다.

후배 P가 있다. 50대 초반의 남자로서 성실하고 술, 담배도 하지 않는다. 그런 그는 한 달에 용돈 10만 원만 있으면 버틸 수 있다는 구두쇠이고 수입의 50%는 저축을 하는 저축광이기도 했다. 그도 지인의 권유로 주식 투자에 입문한 뒤로 주식 투자광이 되어 식음을 전폐하고 주식 투자를 했다. 거의 일을 하지 않는 시간에는 주식 투자에만 매달리는 광이었고 점점 투자금도 늘어갔다. 자신이 가진 돈뿐만이 아니고 대출을 받아서 투자를 시작하더니 친인척의 돈까지 끌어들여 투자하다가 결국은 수억 원의 빚만 남긴 채 주식 투자는 실패했고 결과는 참담했다. 처갓집에도 돈을 융통한 상태였기 때문에 부부 사이는 급격히 나빠졌고 부부 싸움을 밥 먹듯이 하다가 결국 갈라서고 말았다. 개미들은 시장을 이길 수 없다는 평범한 진리를 목격했다.

그러나 이것은 극단적인 예일 수도 있다. 하지만 후배 P는 너무 무모했다. 최소한 게임의 룰(Rule) 정도는 공부하고 주식 시장이라는 험난한 바다로 뛰어들었어야 했다. 그런데 그러한 기본적인 룰을 익히지도 않은 채, 준비 운동 없이 차가운 물속으로 뛰어들어 심장마비를 일으키고 말았다. 그것이 주식이 됐든, 부동산이 됐든, 반드시 게임의 룰을 공부하고 뛰어들어야 한다. 부동산에 투자하는 사람은 안전한 자산에 투자하기를 좋아하는 보수적인 성향의 투자자일 수 있고 주식에 투자하는 것을 선호하는 사람은 고수익을 좋아하는 공격적 투자자일 수 있다. 이에 비해 부동산이라는 실물 자산은 국가가 존재하는 한 영원히 사라지지 않을 것이며 영토의 부증성으로 인해 가치는 쉽게 하락하지 않을 것이다. 이것이 부동산에 투자해야 하는 이유이다.

부동산 투자 광고

필자는 경기도 광주에서 부동산 중개업을 하고 있다. 아파트, 주택이

나 원·투룸 임대 등 가리는 것 없이 중개하고 주로 토지, 공장, 창고 등을 많이 핸들링 하는 편이다. 우리나라 제조업의 현주소는 3D 업종 취급을 받아서인지 한국 사람들은 종사하기를 꺼린다. 산업 현장에서는 한국 젊은 사람을 찾아보기가 정말 어렵다. 현장에서는 구인난이 심하지만, 막상 일하려고 하는 한국 젊은이들은 없다. 그러면서 청년 실업률은 전체 실업률의 2배를 상회한다니 아이러니가 아닐 수 없다.

나 역시 내 자식이 제조업의 열악한 작업 환경에서 일한다고 하면 내키지는 않을 것이다. 그렇지만 구인난이 심한 지금 중소기업은 나름대로 많은 기회가 열려 있다고 생각한다. 본인만 열심히 한다면 치열한 경쟁을 거치지 않고도 윗사람에게 인정받을 수 있고 그렇게 기술과 경영을 익혀서 기술 독립을 해서 사장님이 되어 보는 것도 괜찮은 방법 같다. 기회는 찾아보면 얼마든지 있다. 외국인들이 없으면 우리나라 제조업은 버틸 수가 없을 것이다. 외국인은 한국의 선진 기술을 빨리 습득하고 자국으로 돌아가서 상대적으로 낙후된 자국 기술을 선도하는 경제 역군이 되지 않을까 해서 참 행운아들이라는 생각이 든다. 심지어는 아예 한국에서 공장을 임대해서 눌러앉아 사는 예도 있다.

부동산 투자는 내 집이 없는 실소유자인 2030 세대는 내 집을 마련해야 하고 그러기 위해서는 종잣돈을 열심히 모아야 할 것이다. 3040 세대는 좀 더 넓은 주거 공간으로 넓혀서 가야 할 시기인 거 같고 그러기 위해서는 어떤 곳으로 옮겨가야 할 것인지 정보 수집에도 게을리하지 않아야겠다. 최근 자기계발서를 중심으로 돈 모으는 방법에 관해서 많은 책들이 나와 있으며, 또 다른 매체에도 다양한 방법들이 소개되어 있다. 돈 모으기 참으로 좋은 시대인 거 같다. 부동산 투자의 대전제는 싸게 사서 비싸게 파는 것이다. 필자는 모르는 곳에 투자하면 안 된다는 원칙을 가지고 있다. 부동산은 고가이기에 한 번 일을 그르치면 손해는 생각보다 심각하다. 그곳에 투자하지 않았다면 좋았을 것을 거기다가 투자해서 값이 오르지 않아서 손해를 보는 것은 고사하고, 팔려고 내놔도 나가지도 않아서 금융 비용은 금융 비용대로 들어가고 세금은 세금대로 부담해야 하는 어려움이 있음으로 처음에 선택할 때 신중하게 선택해야 한다. 하지만 모든 부동산에는 주인이 있다는 만물 유주(모든 물건에는 주인이 있음)의 법칙을 나는 굳게 믿고 있다. 모든 부동산에는 반드시 주인은 있다. 하지만 시간이 걸리며 주인을 찾기까지 소요되는 비용은 선택한 사람의 부담이다. 다른 부동산에 투자했으면 몇 배의 이익을 봤을 텐데 하는 기회비용 손실까지 계산하면 억장이 무너진다.

얼마 전에 부동산 투자 광고를 대대적으로 했던 수익형 호텔 분양이 있었다. 분양형 호텔을 분양하면서 과대·과장 광고를 일삼던 시행사는 "저렴한 분양가, 높은 수익률 보장, 연중 객실 사용 가능"이라는 문구로 목돈 투자를 유도했었다. 주로 은퇴자들을 위한 매력적인 투자처로 보이기도 해서 한때 인기 있던 부동산 노후 대책 투자처였다. 보통 시행사가 지정한 운영사와 위탁 운영 계약을 체결하는 경우가 많다. 검증되지 않은 운영사가 지정될 수도 있고 시행사의 입맛에 맞는 경영 경험이 없는 미숙한 운영사가 지정되기도 한다. 과장·과대 광고를 믿고 투자했던 수분양자들은 운영사의 미숙한 운영 능력으로 수익이 나지 않는 경우가 많고 계약 시 꼼꼼하게 계약 조건을 따져보지 않고 도장을 찍어버려 낭패를 본 적이 많았다.

그 같은 수익형 호텔 분양은 호텔을 운영하는 주체가 운영을 잘해서 정말 광고대로 수익금을 분배해줘야 하지만 그렇지 못한 경우가 다반사이다. 그곳에 투자한 사람들은 그 호텔이 운영이 잘되도록 열심히 기도해야 할 것 같다. 호텔과 운명을 같이하는 오월동주 입장이다. 솔직히 그 당시 동해에 있는 호텔 광고에 필자도 혹해서 신청해볼까 생각을 했었는데 다행히 같이 부동산을 공부했던 시행사 간부가 귀띔해서 포기한 적이 있었다.

나 같은 사람도 유혹을 당하는데 일반인들은 오죽하겠는가?

07

부동산 공부하면
돈이 보이기 시작한다

부동산 문맹으로 계속 살아간다면 당신은 부자가 되기를 포기해야 한다. 주식, 채권, 펀드 등을 투자하기 위해서는 거기에 맞는 공부를 해야 하며, 실물 자산인 부동산은 더욱더 열심히 공부해야 한다. 부동산은 가격이 고가이므로 잘못 투자하면 데미지(Damage)가 장난이 아니다. 내가 부동산을 모르던 때에는 사람들이 아파트를 왜 좋아하는지 이유를 알 수가 없었다. 빌라도 아파트만큼 멋스러워 보이고 건축 자재도 좋은 것 같은데 왜 아파트만 고집할까? 알 수 없었다. 그것을 한참 지나고 나서야 알 수 있었다. 우리나라 부모들은 맹모삼천지교다. 교육열은 세계 탑이다. 그러니 학군 좋은 곳은 아파트 가격이 천정부지로 올라간다. 일자리 접근성이 좋은 가산디지털단지 주변과 마, 용, 성도 꾸준히 상승 중이다. 부동산에서 '묻지마 투자'는 백전백패다. 전세를 구하더라도 그 지역에 대해서 연구하고 전세 수요가 꾸준히 일어나는 곳에서 자리를 잡는 것이 유리하다.

아파트에서 입지가 중요한 것은 일반 시민들이 어떠한 시대적 요구사항을 가장 중요하게 여기느냐에 달려 있다. 환경, 교육, 일자리 등 어떠한 가치를 가장 중요시하느냐에 따라 자신의 주거입지가 정해질 것이다. 정부는 부동산 가격이 제일 많이 상승할 수 있는 지역으로 투기지역, 투기과열지구, 그리고 조정대상지역, 그리고 기타지역으로 분류하였다. 나열 순으로 수요가 공급보다 훨씬 많다 보니 값이 올라가는 것은 당연하다. 아예 매도자가 가격을 정할 수도 있다. 매도자 우위의 시장에서는 가격 결정자가 매도자이다.

친구 A가 있다. 50대 중반 남자로서 경기도 광주에서 전원생활을 하며 직장에 다니고 있었다. 무난하게 아들 하나 키우고 부부가 맞벌이하면서 나름대로 시골 생활에 잘 적응하고 있었다. 그런데 어느 날 서울로 이사 가야 한다고 하는 것이다. 왜 그럴까 의아했지만, 의지를 꺾을 수는 없었다. 와이프도 학원 강사로서 지역에서 어느 정도 자리를 잡고 있었기에

부동산 투자 지금 해도 늦지 않다

이해할 수 없었다. 그런데 A가 서울로 이사 가는 주된 이유는 외동아들 교육 문제였다. 아들이 서울로 가서 좋은 학교에 진학하는 것은 평범한 부모들의 바람일 것이다. 결국 A는 아들을 서울 소재 일류 대학에 진학시켰다. 경기도 광주 소재 전원주택은 그냥 세컨드 하우스(Second House) 개념으로 보유하고 있고 당시 대출받아 장만했던 서울 소재 아파트는 시세 차익으로 재미도 보고 이래저래 그때의 판단이 나쁜 선택은 아니었다. 아들을 진학시키기 위해서 아들하고 잘 맞는 그리고 와이프의 직장 생활에 도움이 되는 지역을 나름대로 공부하고 골라서 선택했기에 성공한 부동산 공부였던 셈이다. 이처럼 공부하고 노력하면 미래는 내가 생각한 것보다는 훨씬 더 좋은 결과를 불러오게 된다는 것을 명심해야 한다.

최근에는 부동산 정책이 서울 아파트 정책에 초점이 맞추어져 있다. 매일 새로운 아파트 관련 정책이 쏟아지고 있다. 그런데 좀처럼 아파트 집값은 상승을 멈추지 않고 요지부동이다. 그래서 취득세도 다주택자에게는 불리하고 양도세는 말할 것도 없다. 세테크(Tax technical)를 하지 못한다면 앞으로 남고 뒤로 밑지는 꼴이 되고 말기에 부동산 투자에서 세금은 밀접한 관계이다.

양도세도 다주택자는 반드시 공부해야 한다. 만약에 규제지역과 기타

지역에 각각 주택을 보유하고 있다면 어떠한 주택을 먼저 처분하느냐에 따라 세금 폭탄을 맞느냐 그렇지 않느냐로 갈린다. 또한, 기타지역도 수도권에 위치하면 양도세 중과 주택 수에는 포함되므로 상대적으로 많이 오른 조정대상지역의 주택을 먼저 처분하게 되면 양도세가 중과되기에 기타지역의 주택을 먼저 처분해야 한다. 지금은 세테크 시대이다. 부동산은 보유세와 거래세로 나뉘는데 최소한의 절세를 통해서 소중한 내 재산을 잘 관리해야 한다. 정부의 세금 정책은 면밀히 살펴볼 필요가 있다. 최근 정부 주택 정책은 다주택자의 세금 중과로 인해 다주택자의 주택 취득 자체를 원천봉쇄하고자 한다. 탈세는 범죄이지만 절세하는 것은 아주 중요한 생활의 필수 지혜이다.

부동산을 보는 관점을 배워라

부동산학과에서 같이 공부했던 G는 50대 초반이지만 지금은 용인 지역에서 부동산으로 자수성가한 부동산업자이며 현재는 임대 사업과 아울러 개발 사업 등으로 수익을 내고 있다. 그 결과 꽤 많은 부동산과 금융 자산을 보유하고 있다. 보유 주택에서 월세만 해도 한 달에 2,000만 원 정도의 수입을 거뜬히 올리는 친구다. 이 친구는 부동산학과 학부와 석사를 나와서 전원주택 개발과 상가 개발로 재미를 보던 친구였다. 시행이라는 것이 결코 쉬운 것은 아니지만 원래 공부에 관한 욕심이 많은 친구이다. 부동산 관련 세미나는 있는 대로 찾아다니고 관련 서적은 항상 탐독하는 학구열이 대단한 친구이다. 로버트 기요사키의 『부자 아빠 가난한 아빠』를 통해 가장 감명과 영감을 받았다고 하는 친구이다. 어릴 때부터 불우한 환경에서 나름대로 공부를 열심히 했던 친구이지만 부동 산을 알기 전에는 여러 직장을 전전하며 그다지 뚜렷한 성과를 내지 못 했고 사는 것도 평범했다. 하지만 부동산을 공부하고서는 인생이 180도 달라졌고 현재의 경제적 자유를 마음껏 누리고 있다.

이 친구와 같이 동업하고 있는 K도 40대 후반의 남자로서 같이 부동산 학과에서 공부하던 친구이다. 이 친구는 고등학교에서 교편을 잡다가 현 재는 공인중개사로서 G와 같은 사무실에서 부동산 임대 및 개발 교환 등 중개도 하며 지내고 있다. 필자는 이 친구가 교직을 퇴직하고 부동산을 한다고 했을 때 굉장히 말렸었다. 부동산 중개라는 직업이 수입이 일정 치 않음으로 나중에 교직을 마치고 난 뒤에 해도 늦지 않다고 했지만, 교 직 생활에서 오는 스트레스가 K는 한계에 왔다고 하며 생각은 확고했다. 나는 자녀가 셋이라 다시 한 번 생각할 것을 종용했지만 아무 소용이 없 었다. 결국 퇴직하고 G와 K는 동업 형태로 부동산을 운영하면서 지금 하 는 일이 재미있고 교직을 잘 그만두었다고 하니 그토록 말렸던 나로서는 겸연쩍은 일이 아닐 수가 없다. 천직은 따로 있나 보다.

시중에는 많은 부동산 관련 서적들이 출간되어 있고 전문가들의 강의는 차고 넘친다. 공부할 수 있는 여건은 얼마든지 있다. 그러한 것을 통해서 내 것으로 만들지 못하면 그림의 떡이다. 공부만 하고 실천에 옮기지 않으면 아무것도 달라지지 않는다. 아는 것이 힘이 아니고 실천하고 실행에 옮길 때 비로소 힘이 된다는 것을 알아야 한다. 내가 아는 만큼 보이는 것이 나의 부동산이다. 나의 공부 내공이 짧으면 그것만큼만 보인다. 먼저 공부하지 않으며 절대 보이지 않는다. 남의 말만 믿고 투자하면 그 사람은 나의 실패를 책임져주지 않는다. 최종 책임은 내가 져야 한다. 내가 결정권자이기 때문이다.

"배우고, 배운 것을 잊고 다시 배워라!"

미래학자 앨빈 토플러가 강조한 격언이다. 그는 "21세기의 문맹은 읽고 쓸 줄 모르는 것이 아니라 배우고 잊고 다시 배울 줄 모르는 것이 될 것이다."라고도 했다. 변화의 속도가 빛의 속도로 시시각각 변하는 지금의 시대에 적응하기 위해서는 배우고 또 배우고 태어나고 또 태어나야 한다는 의미가 된다. 다윈의 『종의 기원』에서 "앞으로 살아남을 종은 힘이 센 종이 아니고, 머리가 똑똑한 종도 아니고, 단지 변화에 가장 잘 적응하는 종이 될 것이다."라고 예언한 것과 같다. 그렇다. 이 시대에 살아남기 위해서는 구시대적 유물을 버리고 변화에 민감하게 대처하는 유연한 사고가 가장 중요한 가치가 되었다.

2장

지긋지긋한
가난을 이겨내고
종잣돈을 만들라

01

지긋지긋한 가난을
이겨내고
종잣돈을 만들라

종잣돈 모으는 방법 등은 여러 미디어와 책에서 소개된 바 있다. 1억 원의 돈이 큰돈이고 서민의 생활에서 1억 원의 돈은 여전히 쉽게 모으기에는 부담 가는 금액이다. 하지만 돈을 모으지 않고는 투자할 수 없기에 반드시 종잣돈은 필요하다. 허리띠를 졸라매고 절약하고 악착같이 모아야 3년 안에 종잣돈 1억 원을 모을 수 있는 것은 사실이다. 맨 먼저 미래 수익을 가불해서 소비하는 습관부터 고쳐야 한다. 대표적인 것이 신용카드 사용이다. 신용카드는 과감하게 버리고 직불카드를 사용하기를 권한다. 많은 재테크 전문가들이 언급한 내용이다. 아직 실천하지 않는 예비 성공자들은 반드시 선행되어야 할 습관이다. 은퇴를 앞둔 시점에 수입이 없는 분들은 종잣돈을 만들려면 강남에 사시는 분들은 강북으로, 넓은 평수에서 작은 평수로 갈아타고 서울에 사시는 분들은 경기 지역으로 이사 가서 주거 비용을 줄여서 종잣돈을 만들어야 한다는 것이다. 그런데 강남에서 살다가 줄여서 강북으로 갔다가 강남 집값이 강북 집값의 몇 배가 오른다면 주거 비용을 줄여서 다른 부동산에 투자했던들 시세 차익이 강남 집값 시세 차익을 못 따라가는 것이 바로 딜레마이다. 그래서 지금 당장 은퇴 시점이 아니라면 생각해볼 여지가 있다. 그래서 현역에 계시는 분이라면 무조건 내 집 마련하고 부동산 투자의 씨앗으로 삼을 종잣돈을 모으기 위해 최선을 다해야 한다.

미국 연준 의장인 앨런 그린스펀은 "글을 모르는 문맹은 생활을 불편하게 만들지만, 금융 문맹은 생존을 불가능하게 만들기 때문에 문맹보다 더 무섭다."라고 말한 적이 있다. 코로나 같은 불확실한 시대에서는 투자가 필수이고 그러기 위해선 믿을 건 돈밖에 없다는 것이다. 생존을 위해서는 돈을 철저히 공부하고 분석하는 것 외에는 대안이 없다. 빌 게이츠가 말했다. "가난은 낭만이나 겸손함이라는 단어로 덮어놓기엔 너무나도 무서운 일이다. 가난하게 태어난 건 죄가 아니지만 가난하게 죽는 것은 나의 잘못이다." 섬뜩한 이야기이다. 인생 설계를 다시 시작해야 하는 분들이 많이 있을 것이다.

나 역시 지긋지긋한 가난을 경험한 바 있다. 필자가 어린 시절을 보낸 1960년대 후반부터 1970년대 초에는 다들 못사는 사람들이 많았던 시절이었다. 하루에 세 끼를 다 먹고 자란 사람들은 당시 중산층에 속하는 사람들이었다고 보면 된다. 우리 집 역시 저녁이면 항상 동네에 있는 국숫집에서 국수를 길게 늘어트려 놓고 마당 가득히 걸어놓은 국수를 사서 먹곤 했다. 그렇게라도 하지 않으면 굶어야 하는 날이 더 많았던 시절이었다. 나의 아버지는 일제 강점기 당시 대학을 나온 많이 배운 분이셨다. 당신은 부유한 할아버지 슬하에서 늦둥이 외동아들로 원 없이 귀하게 자란 분이셨다. 과거 육군 대위로 예편하시고 면장까지 하신 분이셨지만 돈에 대해 무지했고 가족을 부양하는 데는 관심이 없었다. 공무원을 그만두고 공사장을 전전하며 생활하셨다. 내가 7살에 아버지가 어머니와 이혼을 하셨고 이듬해 초등학교 입학식에 혼자 갈 수밖에 없었다. 아버지와 어머니가 헤어진 날 밤에 어머니가 조용히 와서는 내 이름을 부르시며 나는 인제 서울로 돈 벌러 가니 당분간은 못 볼 거라고 말씀을 하셨다. 나는 직감적으로 두 분이 헤어지시려는구나 하는 것을 알 수 있었다. 나는 그날 밤 벽을 보면서 얼마나 울었는지 베개가 흠뻑 젖을 정도로 오열을 했던 것 같다.

그 뒤 두 분은 각자 결혼을 하셨다. 어렸던 나는 그때부터 모든 의식주를 혼자 해결해야 했고 누가 따뜻한 밥 한 그릇 챙겨주는 사람이 없었다.

이따금 동네에 있는 형들과 고물을 주어서 고물상에 팔아 생활비로 쓰면서 밥을 굶지 않으려고 무던히도 애쓰면서 살았었던 온통 잿빛의 어린 시절이 내 기억 속에 외롭게 한 모퉁이를 웅크리고 앉아 있을 뿐이다. 그후에 아버지는 새어머니와 같이 살았고 그 새어머니로 인해 아버지와 친어머니가 헤어지는 직접적인 원인이 되었다는 걸 알게 된 것은 한참 뒤에 내가 성장하고 나서의 일이었다. 그 새어머니에게는 자녀들도 있고 나는 그들을 형이라 누나라 부르는 순탄치 않은 이상한 동거가 시작되었다. 아버지와 그 새어머니 가족들과의 갈등으로 두 분은 결국 헤어지고 말았고 나는 아버지와 단둘이 살았다. 아버지는 당시 나이가 많으셨고 돈벌이가 시원찮았기에 나에게 중학교에 가지 말고 공장에 취직하라고 했다. 나는 어린 마음에 그것을 받아들일 수 없었다. 초등학교 4학년 되던 해에 새벽 4시에 일어나 신문 배달을 하고 다시 학교 방과 후에는 석간 신문을 배달했다. 그렇게 모은 돈이 당시 20만 원이 넘었다. 나는 그 돈으로 교복도 맞춰 입고 입학금도 내고 학교에 진학할 수 있었다. 소풍 갈 때면 제일 난감했다. 나는 김밥을 준비해 간 적이 없었다. 어린 마음에 남들이 준비해가는 김밥을 준비해갈 수 없는 내가 정말 부끄러웠다. 학교에 다닐 때 가장 싫었던 것이 가정 방문이었다. 누추한 집을 선생님이 학급 친구들과 함께 온다는 것이 싫었고 그다음으로 싫었던 것이 생활 실태 조사한다며 선생님이 엄마 없는 사람, 아버지 없는 사람, 집에 텔레비전 있는 사람 손들라고 하면 쥐구멍에 숨을 정도로 너무 부끄러웠던 순간이었다.

젊어서 고생은 돈으로 사서라도 해야 한다

어느 날엔가는 점심을 먹는데 도시락의 밥이 쉬어서 진물이 흐르는 밥을 어쩔 수 없이 먹고는 배가 아파서 설사하고 화장실을 온종일 들락날락했었다. 당시에는 약도 변변하게 없는 시절이라 하늘이 노랗게 보인 적이 있었지만 나는 누구에게도 말할 수 없었고 나 혼자 아픔을 온몸으로 삭일 수밖에 없었다. 이렇듯 나에게 가난은 잔인하였으며 끝이 없는 고통의 통로였다. 불우했던 나의 가정환경은 정말 싫었다. 다시 기억하기 싫었고, 나의 먼 기억 속에서 웅크리고 있는, 나를 괴롭히고 있는 기억을 다시 불러오는 것은 죽기보다 싫었지만 정말 독자들에게 간절하게 부탁하고 싶은 게 있어서다.

정말 자녀가 있다면 이혼하지 말기를 간절히 부탁한다. 두 사람이 좋아해서 만나고 결혼하고 싫어지면 단순하게 헤어지면 끝이 아니라 사랑의 결실인 자녀들은 무슨 죄인가. 둘이 사이가 안 좋아지면, 사랑이 식으면 헤어질 수는 있다. 그러나 선의의 피해자인 자녀들은 어떻게 하라는 말인가. 그들은 정서와 사고가 여물기도 전에 세상을 알아버리고 한창 부모들에게 어리광을 부릴 나이에 너무 일찍 철이 들어버려서 애어른으로 삶을 시작하면 세상을 온전하게 살아갈 수 있겠는가? 당신 부모가 당신을 어떻게 키웠는지 생각해보고 그것의 십분의 일이라도 부모님의 은혜를 갚는다고 생각하고 자녀를 양육하길 바란다. 좀 희생하면서 살면 어떤가! 살다 보면 좋은 날도 찾아온다. '팔자 고쳐봤자 그 사람이 그 사람이더라'라는 말을 수없이 들어왔다.

자! 이제 현실로 돌아와서 돈 얘기를 해보자. 보통 사람들은 자신의 소득이 높지 않아서 돈을 모으지 못한다고 얘기하곤 한다. 그러나 소득이 높고 낮음은 1억을 모으는 데 큰 영향을 주지 못한다. 그것은 200만 원 버는 사람이 100만 원을 저금한다면 1천만 원을 벌고도 950만 원을 소비하는 사람보다도 더 빨리 1억 원을 모을 수 있으며 그 사람은 복리에 복리를 더한 돈으로 투자하여 또 다른 현금 흐름을 창출하여 그 돈으로 또 모아서 더 빨리 부자가 될 수 있는 것이다. 이것이 자본주의다. 자본주의를 모르면 절대 부자가 될 수 없다. 투자하여 부자가 되고 싶다면 종잣돈을 만들어야 하고 그러기 위해서는 소득을 탓하지 말고 자신의 소비 습관을 나무라야 한다.

알고 지내는 후배 J가 있다. 40대 후반이지만 아직 미혼이다. 짠돌이로 둘째가라면 서러워할 정도다. 공인중개사 자격증 공부를 하면서 도서관에서 만났기에 같이 밥을 먹을 기회도 많았다. 그러나 식사 시간만 되면 슬그머니 없어지는 것이었다. 우리는 삼삼오오 모여서 도서관 근처 식당

부동산 투자 지금 해도 늦지 않다

에서 먹거나 아니면 구내 식당에서 먹곤 하는데 J는 매일 혼자 차 안에서 식사를 해결하고 온다. 눈치가 컵라면에 대충 때우고 오는 것 같았다. 돈이 없으면 이해가 가지만 그는 공무원으로서 20년 넘게 봉직하고 있었기에 월급도 꽤 되는 것으로 알고 있다. 결혼하지 못한 이유도 사귀는 여자가 있었지만, 매번 시시콜콜 간섭하고 더군다나 경제적인 문제에 너무 예민했기 때문에 헤어진 것으로 알고 있다. 그가 그렇게 돈에 대해 예민하게 구는 이유가 있었다. 그는 어릴 적에 돈 때문에 굉장히 어려움을 겪은 듯했다. 그런 J도 모아서 주식에 투자하느라 안 먹고 안 입고 모은 피 같은 돈을 공중에 흩어버리고 마는 것이다. 그렇게 아끼더니 무슨 짓인가? 나는 이해할 수 없었고 너무나 허무했다. 그래, 그것도 병이다. '네 돈 네가 쓰는데 내가 왜 그러냐' 하고 지금은 포기했다. J는 돈을 안 써봤기 때문에 못 쓰는 것이다. 고기도 먹을 줄 알아야 먹는다고 한다. 돈도 써봐야 알지 안 쓰는 습관을 들이면 못 쓰게 된다. 과유불급이다. 뭐든 지나치면 모자르니만 못한 법이다.

부동산의 가격은 수요와 공급으로 결정된다. 철저히 시장 원리에서 출발하며 돈의 가치는 공급량에 달려 있다고 할 수 있다. 시중에 돌아다니는 모든 돈의 총계를 통화량이라고 하는데 통화량의 크기에 따라 재화의 가격이 내려가기도 하고 올라가기도 한다. 현재 상태는 양적 완화 정책으로 인해 시중에 유통되는 돈이 사상 최대이기에 그 돈들이 부동산으로 몰리고 있다. 우리나라 인구는 점점 줄어들고 있는 상황에서 부채의 총량은 줄어들지 않고 있다. 그것은 과거 대출 금리는 지금의 제로금리 상태보다 높았고, 그때보다 인구는 감소했어도 1인당 부채가 늘어났기에 부채 총액은 줄어들지 않는 것이며 결국 그때보다 사람들이 돈을 더 많이 빌렸다는 것이다. 이러한 불안한 상태의 뇌관이 언제 터질지 아무도 알 수 없다. 트럼프는 자기가 집권하는 시기에는 터지지 않기를 바랄 것이다. 부동산에 투자하기 위한 최소한의 금액이 1억 원은 아니지만, 하여튼 1억을 모으려면 1천만 원을 모아야 하고, 1천만 원을 모으려면 1백만 원이 모여야 한다. 당장 시작하자. 그러지 않으면 늙어서 폐지를 줍고 고물상을 전전할지도 모른다. 유모차에 한가득 폐지를 싣고 걸어가는 노인분의 젊었을 때의 모습이 스펙트럼(Spectrum)처럼 스친다. 내가 그 사람이 될지 누가 아는가?

02

은퇴 후
인생 2막

　지금 우리는 평균수명의 연장으로 전통적인 사회제도의 전면 수정이 불가피해진 상황에 부닥쳐있으며 개인은 늘어난 생애 잉여시간으로 말미암아 인생에서 전혀 고려하지 않았던, 생각지도 않았던 문제들이 멍에처럼 각자에게 나타나기 시작했다. 우리보다 고령화를 빨리 경험한 일본은 75세 노인의 15%가 치매를 앓고 있다고 한다. 치매는 가까운 과거를 기억하지 못하는 병으로서, 치매 발병 이진에 저장된 기억만으로 살아가기 때문에 점점 시간이 흐를수록 병의 진행 속도도 빨라져 결국에는 가까운 사람들이 기억에서 사라지고 마는 무서운 병이다. 단순히 육체적인 수명만 늘어나는 것은 정말 무슨 의미일까? 위기의 노년을 맞을 것인지 아니면 행복한 노년을 맞을 것인지는 전적으로 자기 자신에게 달려 있다. 노후 파산과 황혼 이혼의 그늘이 노후를 위협하고 있다.

 한 해에 30만 쌍이 결혼해서 10만 쌍이 이혼하는 시대에 살고 있고 그 중 황혼 이혼은 꾸준히 늘어 이혼 10쌍 중 3쌍이 황혼 이혼이라고 한다. 50대에 혼자되면 30년 이상을 혼자 살아야 하기에 황혼 결혼을 심각하게 생각해야 하는 시기가 됐다. 젊은 층에서는 1인 가족이 이미 대세이며 나이가 들어서도 황혼 이혼으로 인한 1인 가족이 늘어나고 있다. 졸혼은 이미 대중화되었고 황혼 이혼과 재혼이 새로운 노후 트렌드로 자리 잡고 있는 양상이다. 왜 그럼 황혼 이혼을 고집하는 걸까? 황혼 이혼이 늘어나는 이유로는 자신의 잘못을 인정하지 않는 데 있다는 분석이 많다. 나는 문제없지만, 상대방이 문제라는 것이 바로 인지적 오류이며 상대방의 잘못이 사실 관계보다 더 과장되어 부풀려서 자신에게 어필되는 것에서 기인한다는 것이다. 황혼 이혼을 계획하는 분은 20년을 기다려왔다고 하소연한다. 자녀가 대학에 들어가면 구체적인 실행에 옮기기로 작정한 분들이 많다. 정말 얼마나 싫었으면 저럴까 할 정도이지만 부부간의 진지한 대화로 이혼 전 졸혼이라는 숙려 기간을 가짐으로써 서로에게 냉정하게 뒤돌아볼 기회를 한 번 더 준다면 혹시 변화를 가져올지도 모를 일이다.

선배 L은 나이 50 중반에 이혼한 케이스다. 딸과 아들이 있는데도 불구하고 이혼을 했다. 재혼 상대는 혼자 사는 재력가 여자인 듯하다. 물론 상대가 돈이 많으면 순간적으로 판단이 흔들릴 수도 있다. 그러나 인생사가 어디 돈뿐인가? 30년 가까이 살아온 배우자와 자녀들은 어떻게 할 것인지 생각해본 적이 있는지 모르겠다. 물론 내가 그 선배의 입장이 되어보지 못해서 잘 모르지만, 그 배우자는 젊어서부터 맞벌이로 자녀들을 같이 양육하고 희로애락을 같이해온 반려자가 아니던가! 지금 여자가 좋다고 부모와 자식 간의 천륜도 끊어버리고 팔자를 고치려고 하는지 그 기회비용이 너무 엄청나다는 것을 세월이 지나가면 알게 될 거라는 예감이 든다. 젊어서 바람피우고 늙고 병들어서 조강지처에게로 돌아온다는 얘기를 많이 들었다. 예전에는 늙고 병들어서 갈 곳이 없으면 그래도 전처가 못 이기는 척 받아주는 경우도 있었지만, 지금은 세월이 다르다는 것을 알아야 한다.

같은 종교 생활을 하던 분이 계셨는데 전 남편의 술주정으로 고생하시다가 60이 넘은 나이에 이혼하신 여자 분이었다. 황혼 재혼을 했지만 전남편과 똑같은 성향의 남자를 만나서 똑같은 고생을 하다가 결국에는 다시 이혼하고 말았다는 것이다. 그분은 다시 재혼하면 이혼할 확률이 일반인보다 더 크다.

그것은 전자에서 언급한 인지 오류를 계속해서 범하고 있기 때문이다. 상대방의 문제점만 보고 자신의 문제는 등한시한 결과다. 먼저 자신이 달라져야 한다. 자신은 그대로인데 상대방만이 달라져야 하는 대상이라고 여기면 그 결혼은 불행하기는 매한가지다.

인생에서 꼭 필요한 것은 자식이 아니고 돈이다

더더구나 60이 넘은 사람들은 자기 자신만의 세계가 견고하게 구축되어 있기에 그 나이 때까지 자신 스스로 판단한 모든 기준이 프로그램화되어 있기 때문이다. 인지적 오류가 계속 되풀이되는 한 계속 행복하지 않은 결혼 생활이 재현될 것이다. 우리의 뇌는 소우주다. 우주의 법칙은 끌어당김의 법칙이 엄연히 존재한다는 것을 깨닫고 늘 머릿속에 강박관념으로 자리 잡고 있는 불행했던 과거로부터 자신을 놔주고 머릿속에 눌러놨던 술에 대한 공포에서 벗어나야 또다시 그런 술주정하는 남자를 끌어당기지 않을 것이다. 피해 의식에서 하루빨리 스스로 자유로워져야지 굴레에서 벗어날 수 있다.

H는 나이 60대 초반에 부인과 사별하고 5년 가까이 혼자 외롭게 살며 고독한 삶이 죽기보다 싫어서 술이 거나하게 취해야만 집에 들어간다고 한다. 아픈 아내라도 집에 있어야지 온기를 느끼는데 아무도 없는 썰렁한 집안에 들어오면 적막강산이고 도살장에 들어가는 기분이었다고 고

백한다. 복지관에서 소위 말하는 소개팅으로 K 여사를 만나서 한눈에 반해 사귀게 되었고 급기야는 결혼까지 생각하는 사이로 발전하게 되었다. 하지만 양쪽 자녀들의 반대가 상당했다. H는 부동산 사무소 인근 2차선변 도롯가에 값이 상당히 나가는 답을 비롯하여 많은 부동산을 소유하고 있었고 공장에서 나오는 임대료로 생활을 해온 재력가였다. 그래서 아들들의 반대는 상당했다. 어머니가 살아생전 고생해서 모은 재산을 왜 아버지가 마음대로 재혼해서 복잡하게 만들려고 하는 것이냐는 것이다. 그런 아들들이 서운했으나 도리가 없었다. 반면 K 여사님 장남도 반대하시며 어머니와의 연을 끊겠다고 했지만, 다행히 딸이 엄마의 입장을 이해한다며 재혼을 적극적으로 찬성하는 입장이었다. 우여곡절 끝에 결혼은 했지만 해결해야 할 일들이 많은 것이 사실이다. 산 넘어 산이다. 전혀 다른 이질적인 가족과 가족이 만나서 연을 맺고 가족이 되는 과정이 쉽지만은 않아 보이고 가끔 명절 때면 모인다는 가족들도 언제까지 모일지 궁금하다. 두 분 중에 한 분이 돌아가시고 나면 그 후에 화학적인 결합이 끝나게 되고 재산 분할 문제로 또 한 번 홍역을 치르게 될 게 뻔하다. 슬기롭게 돌아가시기 전에 재산 분쟁의 실마리를 풀었으면 한다.

황혼 재혼은 황혼 이혼만큼 힘들다. 재혼이라는 것이 남녀가 단순하게 만나서 결혼하면 되는 것이 아니라 어떻게 보면 두 가족이 화학적으로 결합을 하는 것이기에 가족 구성원의 동의가 필요한 만큼 초혼보다는 훨씬 힘이 든다. 재혼에는 재산의 유무가 항상 문제가 되며 어떤 여자분은 노골적으로 돈을 주든지, 아니면 부동산 소유권을 넘겨주면 결혼한다는 조건을 내걸기도 한다.

사람 사는 세상이 다 비슷해 보인다. 이제는 지구촌 시대다. 그만큼 전 지구촌이 하루 만에 도달할 수 있는 거리에 있으며 과거에는 교통이 발전하지 않았기에 엄청나게 멀어 보였던 지구 반대편이 이제는 하루 만에 도달할 수 있는 거리가 되었다. 서양이나 동양이나 사람 사는 모습은 어디서나 마찬가지다. 언어나 생활 풍습만이 차이 날 뿐이다.

내가 어렸을 때 느꼈던 문화와 지금은 엄청 차이가 난다. 과거 내가 어릴 때는 여자들이 담배를 피우던 모습은 정말 상상하기 어려울 정도였다. 가끔 영화에서나 볼 수 있었던 외국 여성들이 자연스럽게 길거리에서 담배를 피우던 장면은 이제는 우리나라에서도 흔하게 보는 모습이다. 문화 차이가 크게 없어졌다는 의미이고 서양이나 동양이나 약간의 간극만 있을 뿐 지금의 젊은 세대들은 내가 어릴 때 봤던 그 영화 속의 모습으로 이미 서구화되었다. 생각도 문화도 그때와는 천지 차이다.

국가 간의 언어 장벽도 사라질 것이다. 이제는 보청기 같은 이어폰을 끼면 5개 국어가 세팅(Setting)된 언어로 번역되어서 들린다는 것이다. 자연스럽게 통역사도 사라질 직업으로 보인다. 문명의 발달로 인해 우리 인간의 영역도 인공 지능에 상당 부분 빼앗기게 될 것이다. 은퇴하는 인생 2막은 더는 나이 먹었다고 존경받는 시대는 이미 지나갔다는 것을 인정해야 한다. 은퇴했다고 꼰대로 살아서는 희망이 없다. 변화에 적응하는 종만이 최후에 살아남는다는 것을 명심하고 시류에 따라 인생 2막을 열어가는 열린 은퇴 세대가 되어야 한다.

실버 시대를
멋있게 사는 법

나이 들면 입은 닫고 지갑은 열어야 한다고 말한다. 그만큼 나이 들면 말이 많아지기 쉬우므로 경계해야 한다는 뜻이다. 우리는 좌중에서 특히 말이 많은 사람들을 가끔 본다. "저 사람은 말은 많은데 쓸 말이 별로 없어."라는 말을 듣는 사람을 보면 대개가 실속이 없다. 우리가 직장 생활에서 상사가 말이 많은 경우가 더러 있다. 그러면 하는 수 없이 듣고 있을 수밖에 없다. 그런데 그 말이 특별한 빼대가 있는 이야기가 아니고 자신과 관련한 잡다한 얘기들이나 자기 자랑 혹은 무용담들이 대부분이다. 자기 자식 자랑에서부터 돈 자랑, 집 자랑, 시시콜콜한 보따리를 늘어놓는데 듣고 있자니 곤혹스럽다. 술자리에서는 더욱더 그렇다. 이제 나이 먹고는 남의 말을 경청할 줄 아는 지혜가 필요하다.

경청이란 말을 하는 상대와 내가 하나가 되어 서로의 공감 능력을 최대한 발휘하는 것이다. 상대방의 처지에서 생각하고 상대방의 감정에 몰입하는 자세가 바로 경청이다. 그래서 제대로 경청하는 것은 힘들다. 눈으로 엉뚱한 곳을 본다거나 시선을 일부러 피하는 것은 아주 좋지 않은 경청 방법이다. 몰입해서 듣다 보면 정말 피곤하다. 나 역시 손님들의 말을 집중해서 들으려고 하지만 가끔 나와 상관없는 혹은 나의 관심사가 아니면 엉뚱한 생각을 한 적이 있다. 그러면 손님은 금방 알아채고 화제를 바꾼다. 그때는 정말 미안하다. 사실은 이야기 화제와 상관없이 진지하게 경청해주어야 하는데 손님은 그런 나를 금방 알아채기에 민망할 때가 있다. 정말 경청하는 훈련도 필요함을 느낀다.

아는 선배 M은 50대 후반으로 고물상 사업으로 돈을 많이 벌었다. 고물상이라는 직업이 남이 버리는 물건을 주워서 재활용해서 비싼 가격에 되파는 사업이다. 재활용이 가능한 물건은 재활용도 하고 폐지들은 압축해서 제지 원료로 공장에 넘겨서 수익을 챙긴다. 과거에는 정말 돈 되는 직업이었다. 지금은 고물상이라는 이름보다는 'OO 자원'이라는 이름을 쓰는데 경기가 예전만 못하다는 소리를 많이 듣는다. 비슷한 직업이 있다. 헌옷을 수거해서 동남아시아나 아프리카 같은 후진국으로 수출하는 헌옷 수거 전문 무역상이다. 아파트나 골목길에 헌옷 수거함을 비치해놓고는 일정한 시간에 수거해서 공장에서 분류 작업을 거쳐서 수출하는 무역상이다. 나 역시 중개업을 하면서 그런 업체에 공장 등을 임차해주고 그 직업이 한때 돈을 벌었다는 사실을 알게 되었다.

60대의 남자 K 사장님도 고깃집을 운영하다가 우연히 헌옷 무역상이 돈이 된다고 해서 운영하면서 지금은 아들 내외와 함께 가족 경영으로 제법 탄탄한 회사를 운영하고 있지만, 그전처럼 수익이 남지 않는다고 한다. 그도 그럴 것이 우후죽순 생겨나는 신생 업체 때문에 결국은 나눠 먹기 식의 수익 구조로 인해 결국은 문 닫는 업체도 많이 생겨나고 있다. 우리나라는 생활 수준이 높아지면서 옷을 입을 수 없을 정도로 헤어져서 버리는 경우는 거의 없고 단지 유행에 뒤처지거나 싫증나서 버리는 옷이 대부분이다.

고물상을 해서 많은 부를 축적했던 선배 M은 돈 자랑은 실컷 하면서 정작 술값 계산할 때는 1/N 하자고 하는 분이다. "아니 선배 돈 많이 벌었다며 그럼 좀 사봐!"라고 하면 "넌 어떻게 나만 보면 술 사라고 하냐, 내가 너 돈 떼먹은 거 있냐?"라고 쏘아붙인다. 그러면 "돈 자랑을 하지 말았어야지, 선배."라고 내가 말한다.

돈 자랑할 거면 돈을 쓰면서 자랑해야지 그렇지 않으면 왕따당한다. 골동품은 나이가 들면 들수록 가치가 올라간다. 사람도 나이 먹으면 먹을수록 익어가야만이 대접받는 시대가 온 것이다. 참으로 윗사람 노릇 하기 힘든 시대다.

은퇴는 또 다른 시작을 의미한다

우리가 은퇴하고 나면 현역 때와는 다소 다른 생활 리듬을 갖게 된다. 아침에 출근할 곳이 없으니 늦게 일어나게 되고 모든 행동들이 굼뜨게 된다. 목표 의식이 사라져버려서 무엇을 해야 할지를 모르고 우왕좌왕한다. 어떤 사람은 내일 오전에 무엇을 해야 할지를 생각하지 않으면 잠이 오지 않는다는 것이다. 인생의 목표를 정하는 것은 굉장히 중요하다. 목적의식이 사라져버리면 삶의 의욕도 없고 알맹이 없는 빈 껍데기만 남은 공허한 시간을 보내게 되며 그러한 일상은 더는 성장 없는 삶, 발전 없는 삶이 되고 만다.

우리나라의 은퇴자들은 대부분 집을 나서서 산으로 향한다. 공무원으로 은퇴한 지인 B는 항상 오전 일과는 동일하다. 헬스 클럽에 가서 개인 운동을 하고 등산복에 등산화를 신고 산에 가면 다른 은퇴자들을 쉽게 만날 수 있기에 또래들과 어울려 등산을 끝내고 막걸리라도 한잔 걸치는 날에는 기분이 그렇게 좋을 수 없다고 한다. 또 다른 소확행이다. 산에 가서 분위기를 환기하고 가볍게 산책하고 나면 정신이 맑아지고 새로운 구상을 할 수 있기에 산에 간다고 한다. 이렇게 등산으로 시간을 보내다가 어느 시점에서는 이것도 지겹다 해서 일자리를 찾아 나선다.

지금은 말만 잘해도 먹고살 만한 직업이 많다. 은퇴 후에도 예외는 아니다. 말하고, 읽고, 쓰는 작업은 한 몸이다. 많이 읽어야 잘 쓸 수 있고 잘 쓴 것을 정리해서 전달하는 것이 말하는 것이다. 현역에 있을 때만 말을 잘해야 하는 것이 아니고 은퇴 후 제2의 인생을 살기 위해서 말하기 연습은 필수이다. 말하는 데에도 공식이 있다. 어떻게 하면 말을 잘할 수 있을까 하고 고민도 해보고 전문가에게 조언을 듣고 코칭(Coaching)을 받고 관련 서적을 탐독해보는 것도 좋은 해결 방법이다.

1인 지식 창업을 하는 은퇴자들도 심심찮게 눈에 띈다. 자신들이 현역에서 하던 일도 좋고 혹은 취미 생활로 하던 것들도 괜찮다. 그저 나에게는 사소하지만 내가 잘 아는 분야는 얼마든지 영상으로 제작해서 유튜브에 올려도 괜찮을 듯하다. 요리, 여행, 낚시, 등산 등 수많은 유튜버들이 이를 증명하고 있다. 나 역시 부동산 관련 TV를 운영하고 있다. 주로 중개 대상물인 공장, 창고 등을 홍보하기 위하여 영상을 제작하여 올린다. 빠짐없이 하루에 한 개씩 영상을 올리는 유튜버들도 많은데 나는 이런저런 핑계로 잘 올리지 못하여 아쉽다. 지속해서 뚜렷한 목표 의식을 가지고 실천해나가는 것이 정말 어렵지만 영업하는 사람들은 반드시 그날 해야 할 일과 다음 날 해도 좋은 일을 가려서 해야 한다.

사업의 효과는 하루아침에 일어나지 않으며 지속해서 꾸준히 할 때 서서히 아주 작게 마케팅 효과가 나타나곤 한다.

중요하지만 급하지 않은 일에는 독서와 운동이 있다. 나 역시 아침 5시면 항상 집 근처 공원에서 1만 보 걷기를 하고 저녁 먹고 5천 보 걷기를 해서 보통 1만 5천 보의 걷기로 하루 목표를 달성하고 독서를 1시간가량 하고 취침에 든다. 건강을 잃으면 모든 것을 잃어버리기 때문에 운동의 중요성은 아무리 강조해도 지나침이 없다.

독서 역시 운동과 건강 못지않게 중요하다. 도스토옙스키는 독서를 이렇게 정의했다. "한 인간의 존재를 결정하는 것은 그가 읽은 책과 그가 쓴 글이다." 미국 역사상 가장 훌륭한 대통령으로 칭송받는 링컨 또한 "내가 알고 싶어 하는 것은 모두 책에 있다. 내가 읽지 않은 책을 찾아주는 사람이 나의 가장 친한 친구이다."라고 독서의 중요성을 말한 적이 있다. 독서를 지속해서 하여 자신을 단련시켜나가야 훗날 있을 위험과 재난에 대비하는 최고의 보호막이 되어줄 것이다.

배움에는 나이가 문제가 되지 않는다. 지금처럼 변화의 속도가 빠른 시기에는 정말이지 죽을 때까지 공부해야 한다. 1년만 지나면 구닥다리 지식이 되어버리는 현실 앞에서 공부하지 않으면 글자 문맹보다 더 불편한 생활 문맹을 맞을지도 모른다. 필자도 부동산 관련 공부와 재테크 관련 공부를 꾸준하게 하려고 노력한다. 일신우일신 하지 않으면 살아가지 못하는 시대를 살고 있다. 대학 공부 끝났다고 공부하지 않으면 안 된다. 박사 학위 받았다고 지식이 완성되는 것이 아니다. 인생 2막은 정말 열심히 공부하고 노력하는 신인류가 되고자 한다면 멋진 실버 시대가 당신 앞에 펼쳐질 것이다. 젊게 살고 싶다면 젊은 사고방식을 가져야 하고 부자가 되고 싶다면 부자 같은 생각과 사고방식을 가져야 하며 행동 역시 스마트하게 유지하기 위해 배우는 데 투자를 게을리해서는 안 된다.

재테크 전문가가
되어라

현역에서 열심히 일하고 은퇴한 뒤에 사람을 평가하는 기준은 무엇일까? 학교에서 배운 것처럼 제도권 안에서 공부 열심히 하고 좋은 직장에 가서 승진하고 어느 정도의 재산을 모으고 집 한 채 수도권에서 가지고 있고 자녀를 좋은 학교에 보내는 수준에 도달하면 성공한 인생이라고 흔히들 말한다.

하버드 대학에서 총장을 지내신 엘리엇 교수님에 의하면 대부분은 사람에 대한 평가는 그 사람과 말한 적이 없고, 만난 적이 없는 사람에 의해 결정지어진다고 한다. 그 사람을 평가할 때는 소리 소문 없이 퍼져나가기 때문이다. 이러한 평판을 결정하는 요소는 여러 가지가 있지만, 그 사람의 매너(Manner)라고 통칭하는 여러 요소는 바로 그 사람을 결정하는 가격표라는 것을 잊지 말아야 하며 말하는 습관과 상황에 맞는 복장, 그리고 사람을 대하는 태도 등에서 대충 그 사람을 결정짓는 첫인상(First Impression)이 형성된다.

말하는 습관은 상당히 중요하다. 나는 중개 업무를 하면서 많은 사람을 만나왔다. 돈이 아주 많은 사람과 적당히 있는 사람과는 확연히 구별되는 습관이 있다. 말하는 습관을 보면 알 수 있다. 적당히 있는 사람들은 자기도 모르게 자기를 나타내려는 욕구가 굉장히 강하다. 어떤 때에는 역겨울 정도다. 내공이 전혀 없는 졸부들을 보면 안타까운 생각이 들곤 한다.

복장 역시 중요한데 나는 출근할 때의 복장과 근무할 때의 복장이 다르다. 근무 시에는 계약서 작성 외에는 육체적인 노동일을 해야 할 경우가 있고, 특히 나는 개집 청소며 주위 벌초 작업 등 잡다한 일들을 해야 하기에, 될 수 있으면 편하고 작업하기에 적합한 작업 복장이 있고, 출퇴근 시에는 복장을 갈아입고 퇴근한다. 옛말에 입은 거지는 얻어먹어도 벗은 거지는 못 얻어먹는다는 말이 있다. 겉모습이 중요하다는 속담으로 비록 구걸하는 거지일지라도 옷차림을 제대로 해야 배고픔을 해결하는 데에, 유리하다는 뜻이다. 나이들수록 행색을 제대로 하고 다녀야 사람들이 우습게 보지 않는다.

강한 사람에게 약하고 약한 사람에게 한없이 강한 사람을 우리는 비겁한 사람이라고 한다. 사람을 대하는 태도에서 그 사람의 인격, 품격 같은 것이 스스럼없이 나타난다. 그리고 당당한 태도는 그 사람을 돋보이게 하고 신뢰하게 만드는 중요한 요소이다. 당당한 태도는 바로 자존감을 스스로 높이는 데서 출발하며 자신은 성공한 사람이라는 인식을 항상 가져야 잠재의식이 바로 성공을 향하여, 성공한 당신을 위해 노를 저어 나간다는 것을 명심해라. 잠재의식이 작동하면 자신도 모르는 사이에 목표 달성을 위해 걸맞은 행동과 상황을 끌어당기기 시작한다는 우주의 법칙을 이해하기 바란다.

친구 L이 있다. 우리 또래보다 나이가 많고 친구 중에서 그래도 나잇값을 하면서 살고 있다. 남양주에서 행사용 상품 등을 제작하는 기업을 운영하고 있다. 젊었을 때는 사업이 그저 그랬지만 열심히 노력한 결과 사업이 탄탄대로를 달리고 있다. L은 폼생폼사다. 친구들이 옷을 잘 입고 나오지 않으면 핀잔을 주기 일쑤다. 그의 생각은 잘 입고 교양 있게 행동하는 것이 사업에도 중요하다는 것이 바로 사업 철학이다. 보이는 것이 중요하다는 것이다.

나 역시 절대 동감이다. "썩어도 준치다."라는 말을 자주 쓰는데 지금의 상태가 아무리 나빠도 절대 기죽기 말고 표시 내고 살지 말자는 것이며 그렇게 산다고 누가 도와주는 것도 아니고 일부러 그것을 기정사실로 하고 인정하며 다닐 필요가 없다는 것이다. 지금은 자신의 분야에서 최고의 전문가가 되었고 사업 역시 뜻하는 대로 번창하리라 믿어 의심치 않는다.

언제든지 실패할 수 있다

최근 남양주 왕숙 지역이 신도시로 편입되었지만, 자신의 공장은 포함되지 않아서 내심 안도하는 분위기이다. 그가 부동산 공부를 하고 재테크에 관심을 가진 이후로 사업 역시 번창하는 것은 우연의 일치는 아닐 것이다. 물론 한 분야의 전문가가 되는 일은 결코 녹록한 일은 아니다. 배경지식도 풍부해야 하며 그에 걸맞은 행동과 생활 패턴(Pattern)도 지녀야 한다. 관련 정보에 밝아야 자기 분야에서 전문가 소리를 듣는다.

정보를 가장 빠르게 축적하는 방법은 역시 관심이다. 부동산에 관한 관심과 애정을 지속해서 가져야만 부동산에 대해서 알게 된다. 경제신문의 부동산 면과 칼럼 등을 수시로 스크립(Script) 하는 성의가 필요하다. 그러면 자연스럽게 부동산에 관한 전문가들의 식견을 이해할 수 있고 나아가 자신의 의견과 생각도 정립할 수 있는 능력도 배양된다.

한 분야의 전문가가 되려면 관련 서적을 100권 탐독해야 한다는 말이 있다. 그 정도로 읽으면 분명히 전문가가 되리라 확신한다. 멘토로 모시고 공부할 수 있는 부동산 전문가도 많고 세미나 혹은 강연들이 많이 있으며 1인 지식 창업가들이 유튜브 방송을 하고 있어서 돈 안 들이고도 지식의 폭을 넓히는 방법이 얼마든지 있다.

부동산과 돈은 자동차와 기름의 관계이기에 분리해서 생각할 수 없다. 가난한 사고방식으로는 절대 돈이 안 모인다. 가난은 영육의 질병이며 부지불식간의 잘못된 습관이라는 인식을 해야 한다. 잠재의식 속에 돈을 끌어당겨도 올까 말까 한 돈이다. 그런데 돈을 밀어내면 돈이라는 생각과 사고가 있는 인격체인 자존심 강한 돈 님께서 퍽 오겠다. 절대 오지 않는다. 거지같은 생각을 당장 바꿔라! 지금도 늦지 않았다. 백세 시대를 탈없이 살려면 돈에 대해 다시 한 번 진지하게 가치를 재정립해야 한다.

최소한 이 글을 읽는 독자들만이라도 바꿔야 한다. 싫으면 그렇게 가난하게 찌질하게 살면 된다. 동서고금을 막론하고 부동산과 부는 항상 세트(Set)임을 잊지 말아야 한다. 부동산은 돈을 길러주고 관리해주고 선물까지 잊지 않는다. 돈을 알고 부동산을 알아야 하는 이유다. 그러기에 필자는 돈 얘기를 뒤에도 계속 언급할 것이다.

제발! 돈은 행복을 가져다주지 않는다는 둥 돈은 빚 안 지고 살 수 있을 만큼만 있으면 된다는 둥 그런 이상한 소리를 더는 하지 마라.

친구 L은 상속으로 강북 지역에 아파트 2채를 물려받았다. 그런데 지인을 통해 사행성 오락 사업에 손을 댔고 결국은 막대한 금전적 손해를 보고도 결국 교도소까지 가는 등 최악의 상황으로 내몰렸다. 삶의 바닥을 맛보고 자신 인생에서 최악의 상황까지 갔었으며 아내와도 별거하며 이혼을 심각하게 고려하고 있었다. 그런데 좋지 않은 화는 몰려다닌다고 했던가.

동생의 와이프인 제수씨가 매스컴에도 나온 경기도 모처에서 보행 도로를 덮친 트럭에 비명횡사하는 사고가 생겨서 졸지에 어린 조카까지 케어(Care)해야 하는 상황에 이르고 말았다. L은 그때 정신이 번뜩 들었다고 말한다. 자기 혼자 끝나는 게 아니고 노모와 집안 자체가 절단되는 상황에 부닥쳤기에 자신이 정신 차리지 않으면 안 된다는 급박한 현실에 정신이 들었다고 한다. 그래서 이를 악물고 사업에 재기해서 동생 가족도 케어하고 자신 가족도 돌보며 잘 살아가고 있다. 사람이 경제적인 곤궁에 처하면 아무리 긍정적인 사람도 현재 상황을 냉정하게 바라보는 감각을 잃고 만다. 그래서 "이대로 잠들어서 깨어나지 않았으면 좋겠다."라는 생각을 하고, "아침이 올까 두렵다"라는 말도 한다. 한순간의 욕망으로 전 재산을 날리고 연이은 불행으로 자칫 나락으로 떨어질 뻔했지만, 다행히 제대로 된 궤도를 찾게 되어 너무나 감사한 마음이 들었다고 고백한다. 이처럼 극한 상황에 몰려서 나락으로 추락하더라도 정신을 차리고 현실을 냉정하게 직시한다면 분명 답은 있다. 신은 견딜 만한 고통만 준다는 구절이 생각난다.

부동산 공부하기 전에
돈 공부는 필수다

나는 부자들이 돈을 펑펑 쓴다는 얘기를 들어본 적이 없다. 돈을 펑펑 쓰고는 절대 부자가 될 수 없으며 적은 돈을 우습게 아는 사람은 큰돈을 대하는 태도도 별반 다를 게 없기 때문이다. 나이 지긋한 연세의 어른들이 젊었던 시절 돈을 많이 벌어봤다는 얘기는 많이 들었는데 그 돈을 현명하게 지키며 유지하고 있는 어르신들은 몇 분 보지 못했다. 왕년에 돈을 많이 벌어봤다며 자랑을 하지만 정작 현재는 궁색하기 그지없다. 돈을 벌기도 어렵지만 유지하기란 더 어렵다. 돈은 움켜쥘수록 모래알처럼 손가락 사이로 빠져나가기 때문에 오롯이 손에 쥐고 있기가 쉽지 않다.

벤저민 프랭클린은 돈을 현자의 돌에 비유했다. "수입의 범위 안에서 돈을 쓸 수 있다면 현자의 돌을 손에 넣는 것과 같다."라고 표현했기 때문이다. 우리는 살면서 현자의 돌을 손에 넣기 위한 구체적인 실천을 얼마나 했는지 한 번 뒤돌아봐야 한다. 사람들은 부자로 보이기 위해서 부자의 행동을 따라 한다. 비싼 명품 가방을 사고 명품 옷을 입고 뽐내기도 하며 심지어 원룸 같은 다가구 주택에 보증금 500만 원에 월 30만 원 하는 월세를 살면서 람보르기니를 몰고 다니는 사람을 본다. 정말 안타깝다. 저런 차를 살 돈이면 빌라 한 채를 살 수 있을 텐데 저렇게 낭비하고 살까? 부자로 보이기 위해서 끊임없이 과소비 행위를 하게 된다. 그런 부류의 사람들은 분명히 나이 먹어서 쪽방촌에 살거나 형편없는 동네에서 여생을 마칠 가능성이 농후하다. 그것은 동서고금을 막론하고 일어나는 같은 삶의 패턴(Pattern)이다. 아직 오지 않은 미래를 위해서 현재를 희생할 생각이 전혀 없으며 허무한 즐거움을 메우기 위해 어리석은 소비행태를 반복하고 있다. 그런데 정작 부자들은 절대 명품 가방을 들고 다니거나 명품을 사기 위해 돈을 과소비하는 어리석은 행위를 잘 하지 않는다. 부자로 굳이 보이고 싶어 하지 않기 때문이다. 이미 부자이기에 부질없는 짓임을 잘 알고 있다. 살 수 있는 능력이 있지만 안 사는 것이다.

손님 Y는 30대 중반이고 미혼 남성이다. 결혼하지 않는 이유는 물어보지는 않았지만, Y는 인생의 핵심 가치는 지금의 현실에 안주하고 미래는 나중에 생각하자는 전형적인 욜로족이다. 조그만 소규모 공장을 다니는 그의 수입으로는 그런 고급 승용차를 감당할 돈이 없을 터인데 그는 항상 노란 페라리를 몰고 다닌다. 가끔 동네에서도 굉음을 내고 자신의 차를 감상이라도 하라는 식으로 위풍당당하게 몰고 나온다. 빈속에 저런 고가의 자동차를 사서 할부를 매달 갚게 된다면 결코 저축하지 못할 것이기에 그 차를 위해 얼마나 많은 기회비용을 포기해야 하는가? 깡통 인생이다. 지금 준비하지 않으면 금방 세월이 간다. 항상 젊으리라 생각하면 오산이다. 나 역시 40대가 어제 같다.

모든 매스미디어(Mass media)는 한결같이 빚을 권하고 있다. 신용카드를 이용해서 옷을 구매하고 가전 제품을 구매하게 하고 대중들을 충동구매의 늪으로 안내하는 광고를 실시간 내보낸다. 그래서 정작 구매하고 나면 똑같은 제품들이 집 한편에 고이 모셔져 있는 경우까지 있다. 이렇게 충동구매 한 물건은 며칠 지나지 않아 매력을 잃어버리는데 그것을 위해 지불한 돈은 한참을 빠져나간다.

인생의 참된 행복
우리나라의 출산율은 세계 최저이다. 젊은 사람들이 양육비가 너무 많이 들기에 아이를 낳지 못한다고 하며 애완동물을 마치 자식인 양 키우면서 편하게 살려고 하는 경향이 있다. 아이가 없으면 부부 사이의 끈이 없어져버리기에 사이가 좋을 때는 문제가 없지만 정말 인생을 살면서 안 싸우고 현명하게 해로하게 될까? 나도 지금 생각하니 아이를 둘만 낳은 것이 약간은 후회가 된다. 조금 경제적으로 어렵더라도 더 낳을 걸 하는 생각이 문득문득 들기도 하고 그 상황에 부닥치면 다 감당하고 이겨내는 것이 또한 인생이다.

나중에 나이 먹어서 아이를 낳지 않고 살다가 외롭게 산다는 것이, 고독하게 인생의 최후를 맞이한다는 것이 얼마나 비참한지 알게 될까? 이 크나큰 우주 공간에서 티끌만 한 자신만의 흔적을 남기고 100년을 마감해야 하지 않나 생각해본다. 아이는 바로 이 세상을 살다간 흔적이다. 사람은 군집 생활을 하면서 행복을 느끼는 사회적 동물이다. 그런데 지금의 라이프 스타일은 혼밥·혼술 등 혼자 사는 1인 가족의 형태가 사회 주류로 스탠딩(Standing) 하는 모양새다.

후배 B는 40대 후반에 유명을 달리했다. 열심히 직장 생활을 해서 나름대로 돈도 열심히 모으고 재테크도 해서 용인에 아파트도 마련했었고 금융 자산과 얼마간의 주식도 보유하고 있었던 성실한 후배였다. 그런 그가 40대 후반에 소개로 여자를 알게 되었고 그녀와의 달콤한 미래를 기약하며 구체적인 결혼 얘기도 무르익어 갔던 거로 알고 있다. 하지만 그는 한 겨울날 무척이나 추웠던 날 밤에 자다가 영원히 돌아오지 못하는 북망산천의 먼길을 가고 말았다. 갑작스러운 돌연사로 허무하게 생을 마감하고 말았다. 장례식장에서 노모가 망연자실, 한곳을 바라보던 모습이 아직도 눈에 선하다. 그 약혼자는 얼마나 황당해했던가. 이승에서의 연은 거기까지인가 보다. 장례식장에서 얼마나 안타까웠으면 망자의 신발을 끌어안고 우는 모습이 너무 안타까웠다. 결국 그가 목숨처럼 아끼며 모아놓은 자산과 아파트는 처분되어 형제들끼리 나누었다는 얘기를 나중에 친구한테서 들을 수 있었다. 그렇게 갈 거면 좋은 일에나 실컷 쓰고 갈 일이지 하는 푸념을 늘어놓는다.

돈은 이승에 있을 때만 필요한 재화다. 일단 세상을 떠나면 아무런 필요가 없다. 과도한 집착을 보일 필요는 없지만 사는 동안은 정말 필요한 게 돈이지 않은가. 그러니 세상 사람들이 다들 돈에 환장하듯 집착하는 것이다.

몇 해 전에 강남에서 불에 탄 사무실을 전면 리모델링하는 과정에서 참으로 어이없는 사건이 있었다. 사무실을 수리하던 중 인테리어 업자는 수상한 물건을 발견했다. 붙박이장을 뜯어내니 그 뒤에 나무 궤짝이 하나 나왔고 그 안에는 금괴가 가득 들어 있었다. 그는 이 물건을 주인에게 얘기하지 않고 새벽에 와서 이 금괴를 편취했다. 금괴는 시가로 65억 상당의 금괴 130여 개였다. 이 중 66개를 금은방에 처분했고 외제차며 집도 샀다. 그리고 20여억 원을 지인 사업에 투자하기도 했다. 갑자기 졸부가 된 조 씨는 동거녀 김 씨를 배신했고 범행 4일 만에 훔친 금괴를 가지고 잠적했다. 이에 격분한 동거녀 김 씨는 심부름센터에 이 사건을 의뢰했고 심부름센터 직원의 신고로 이 사건은 만천하에 드러나고 말았다.

금괴는 20년 전에 작고하신 할아버지가 틈틈이 모아두었던 금괴로 일부를 쓰고 일부를 보관하던 중 갑자기 치매 증세로 인해 금괴를 보관한 사실을 잊어버리고 작고하시면서 일어난 해프닝(Happening)이었다. 할아버지는 진작에 자신이 쓰지도 못하고 가족들도 쓰지 못할 뻔한 돈을 왜 혼자만 알고 있었던 것일까? 참으로 어리석기 짝이 없다. 돈은 모으기도 힘들지만 쓰임에도 주의를 기울여서 좋은 곳으로 선한 곳으로 흘러가야 한다.

이 사건은 인테리어업자 조 씨가 갑자기 자신에게 들어온 부를 감당할 만한 그릇이 아니었던 것이었고, 준비되지 않은 상태로 들어온 돈은 주인이 잘못 선택됐기에 제대로 주인을 찾아간 것이다. 돈을 벌기란 어렵지만, 그것을 유지하고 관리하기란 정말 쉽지 않다. 더군다나 금융 교육(Financial Education)을 전혀 받지 않은 우리나라의 교육 시스템에서는 더욱 돈 공부, 즉 금융 공부는 필수다. 이처럼 복권에 당첨된다든지, 혹은 갑작스러운 증여, 상속으로 부자가 되었다가 돈이 허무하게 흩어지는 예는 너무나 많다. 지금도 늦지 않았다. 학창 시절 입시 공부에 최선을 다하지 않았다면 돈 공부에 열정을 쏟아서 자본주의를 현명하게 사는 자본에 밝은 현대인이 되었으면 한다.

06

돈에 대한 인식을
전환하라

성인 남녀가 꼽은 부자 되는 방법 TOP 7		
1위	태어나면서 금수저	37.5%
2위	로또 당첨 등 빅 행운	11.6%
3위	주식/재테크 등 투자	11.1%
4위	적은 돈부터 저축	10%
5위	부동산 투자	9.6%
6위	창업/사업	8.4%
7위	다시 태어난다	5.7%

〈동아일보〉 2020.08.04. 기사 중에서

성인 남녀가 꼽은 부자 되는 기준을 주제로 신문사에서 설문 조사한 결과 '보유 자산이 얼마나 있어야 부자라고 보는가?'라는 질문에 평균 46억 5,000만 원이라고 응답했다고 한다. 응답자들은 낮은 연봉(37.4%)이 부자가 되는 가장 걸림돌이라고 지적했고 이어 아무리 아껴 써도 돈이 모일 수 없는 경제적 여건(34.4%)과 경제적 지원을 받지 못하는 가정형편(34.3%) 등이 그 뒤를 이었다. 미국 철강의 아버지 앤드류 카네기는 "제일 먼저 배워야 할 것은 저축이다. 저축을 통해서 여러 가지 습관 속에서 가장 소중한 절약이라는 습관이 몸에 밴다. 검약은 자산을 쌓는 명수다. 검약은 재산을 창출할 뿐만이 아니라 인격도 키운다."라고 말했다. 또한, 벤저민 프랭클린은 "수입의 범위 안에서 돈을 쓸 수 있다면 현자의 돌을 손에 넣는 것과 같다."라고 했는데 현대를 사는 사람들은 이 말을 곱씹어 볼 필요가 있다.

흔히 말하는 인생은 한 번뿐이다. 이 의미를 뜻하는 You Only Live Once의 앞글자를 딴 용어 YOLO족들의 Life Style은 바로 현재 자신의 행복을 가장 중시하여 소비하는 태도를 뜻하는 신조어이다. 젊었을 때는 폼나게 살고 싶고 펑펑 쓰고 싶은 건 어쩌면 당연한 본능인 것 같다. 하지만 부자가 아닌데도 불구하고 부자 흉내를 내다간 정말 가난한 노후와 맞닥뜨린다는 사실이다. 길게 뭐 노후까지 갈 필요도 없다. 지금은 조기 은퇴, 명퇴 등 40대부터 벌써 퇴직 걱정을 해야 하고 현실적으로 50대에는 거의 다 다니던 직장에서 자의 반 타의 반 등 떠밀려 나온다는 것이다.

갑자기 실직을 당하거나 자기의 의사와 상관없이 수입 파이프라인이 막혔을 때는 정말 막막하다. 근로소득이 없어지고 나면 현금 흐름이 창출되는 어떤 금융 소득도 없다는 가정을 하면 정말 비참한 현실과 부닥친다는 사실을 직시해야 한다. 부자는 어느 정도 소비해도 큰 데미지가 없다. 그런데 보통 부자들은 철저한 자기 관리와 돈 관리가 몸에 배어 있어서 낭비하지 않고 돈을 모아서 또 다른 투자처를 찾아 사냥에 나선다는 것이다.

돈을 값어치 없이 흩어지게 하고 싶지 않다면 지출 관리를 철저히 하라는 것과 그리고 할부의 유혹으로부터 자기 자신을 버려두지 말아야 한다. 최근 들어 10대 20대가 주로 이용하는 공간인 틱톡에서 주식 크리에이터(Creator)가 등장해 인기를 끌고 있고 유튜브를 통해 많은 부동산 전문가들의 이야기기에 귀를 기울인다는 것은 부에 대해서 고민하는 사람들이 많다는 방증이며, 세태를 반영한 당연한 사회 현상이다.

돈과 부에 대한 생각의 변화
요즈음 파이어족이란 신조어가 나왔다. 욜로족이 현재를 살아가는 소비형이라고 하면 파이어족은 짠돌이 짠순이 되기이다. 단기간의 짠테크로 돈을 급속도로 모아서 그 돈으로 현금 흐름을 창출하여 좋아하지 않는 일을 그만둔다는 라이프 스타일을 추구한다. 평생직장의 개념이 사라진 지 오래전이고, 사오정이니 오륙도니 하는 말은 이미 전설의 용어가 된 지 오래다. 파이어(Fire)는 'Financial Independence Retire Early'의 약자다. 치밀한 소득 축적을 통해서 경제적 자유를 쟁취하면 자기 자신을 해고하고 조기 퇴직하여 편안한 삶을 즐긴다는 의미이다. 2008년 금융 위기 이후 80년대 중반에서 90년대 세대인 미국의 밀레니얼 세대에서 급속도로 확산한 파이어 운동은 리먼브러더스 사태로 촉발된 금융 위기 여파로 월가의 고학력 고소득자들이 파산하고 저소득 빈곤층의 나락으로 떨어진 것을 목격한 20·30세대들의 각성에서 출발했다. 이후 유럽으로 퍼져나갔고 극단적으로 소비 지출을 자제하고 저축하여 진정한 경제적 자유인으로 살고자 하는 열망을 담은 이 운동은 차츰 빠른 속도로 전 세계로 퍼져나갔다.

친구 D는 금융 대부업을 통해서 엄청난 부를 축적한 케이스다. 나는 D가 단순히 운이 좋아서 부를 축적했다고 생각했고 서민들을 괴롭힌 고리대금업을 해서 부정하게 부를 축적했다고 과소평가했지만, 나중에야 그가 그러한 부를 축적한 것은 운보다는 노력과 검약, 그리고 부에 대해 끊임없는 갈구함 등이 지금의 그를 만든 원동력이었다고 생각을 고쳐먹었다. 나는 그와 만나면서 내가 돈을 더 많이 쓰고 있다는 사실을 한참 뒤에야 알았다. 그는 나보다 더 검소하게 살았으며 자신이 이룬 부를 절대 값어치 없이 흩어지게 한 경우를 본 적이 없었다. 나름 장학 사업이니 입양 등과 같이 세상에 선한 영향력을 끼치려고 하는 것은 높게 평가하지만, 다만 정치판에 기웃거리는 것은 돈 많은 남자의 본능인가? 부와 권력을 잡고 이름을 남기고 싶은 것이 남자들의 본능인가 보다. 그리고 나역시도 그가 하는 장학 사업에 10년 정도 동참했던 적이 있었기 때문에 그의 그런 순수한 진정성이 훼손되는 거 같아서 마음이 편치만은 않았다.

우리 가정과 학교에서는 왜 돈에 대해서 가르치지 않는 것일까? 유대인들은 자연스럽게 가정에서 돈에 대해 가르침을 받는데, 왜 우리의 가정에서는 부모님들이 자녀들에게 돈에 대해 가르치지 않는 걸까? 유대인들은 성인식 때 친지들이 그 아이의 장래를 위해 예금통장 또는 주식계좌, 적립 펀드 등을 선물한다고 한다. 왜 유대인들이 미국 부자의 40%를 이루고 있는지 알 만한 대목이다.

어쩌면 학교 공부보다 더 중요한 돈에 대한 교육과 자본주의에 대한 철저한 이해 등을 교과목에 추가하여 나아가 금융 공부까지 공교육에서 다루어져야 한다고 생각한다. 아이에게 돈의 소중함을 가르치고 돈 관리 방법, 저축의 중요성, 인생을 풍요롭게 살려면 꼭 필요한 돈의 의미를 깨우쳐야 한다. 돈 밝히는 아이가 아닌 돈에 밝은 아이로 키울 필요가 있다.

어릴 때 돈의 정의가 제대로 정립되어있지 않으면 어른이 되어서도 돈을 관리하는 방법을 모르고 제대로 된 투자도 하지 못한 채 생을 마감하는 사람이 대부분이다. 돈을 얼마나 많이 벌어들이느냐가 관건이 아니고 돈의 액수와 부자 되기란 전혀 다른 문제이다. 돈을 아무리 많이 벌더라도 그것을 관리하고 불리는 능력이 없다면 그것은 사상누각에 지나지 않는다. 로또로 부자가 될 뻔한 사람들이 돈을 관리하는 능력이 없는 상태에서, 돈을 관리할 준비가 안 된 상황에서 갑작스러운 돈 폭탄을 맞고서 돈에 대한 무지함으로 인해 그냥 공중에 흩어버리고 마는 사연들이 얼마나 많은가?

지인 K는 로또 당첨이 되고 멀쩡하게 다니던 회사를 그만두고 배우자와 이혼하고 흥청망청 써대며 이 사업 저 사업 전전했다. 결국 인테리어 사업을 하다가 이리저리 돈을 뜯기고 사업에는 전혀 어울리지 않는 고급 자동차를 끌고 다니면서 이 사람 저 사람 술 사주며 살다가 결국 당첨 5년 만에 간암으로 사망하고 말았다. 사망했지만 장례식장에 몇몇 지인들을 제외하고 가족 중 아무도 그의 가는 길을 지켜보지 않았다. 결국 그에게 로또는 행운이 아닌 철저한 불운의 씨앗이 되고 말았다. 사망 당시 그의 자산은 허름한 빌라 월세 보증금과 자동차만이 전부였다. 그가 감당할 수 있는 돈의 양이 그것밖에 되지 않기 때문이다.

이 경우에서 보았듯이 돈을 얼마나 많이 가지고 있고 혹은 잘 벌고 못 벌고 하는 것은 부자가 되는 것과는 아무런 상관이 없다. K가 만약 로또 당첨이 되지 않았다면 나름 평범하고 행복하게 인생을 살았을지도 모른다. 그 사람이 가지고 있는 돈에 대한 지식이 바로 돈 관리 능력이고 돈에 대한 관리 능력이 부를 가져다주는 절대적인 키가 된다는 것을 이해해야 한다. 아무리 똑똑하고 긍정적인 사람이라고 할지라도 가난에 찌들어서 빚에 허덕이면 현명한 판단을 내릴 수 없다.

자신이 벌어들이는 수입 이상 소비해서는 절대 빚에서 빠져나올 수 없다. 빚으로 미래를 저당 잡히는 어리석은 우를 범해서는 안 된다. 우리가 지금 잠 못 자면서 하는 걱정의 대부분은 돈과 관련된 것이다. 좀 더 돈에 대해 솔직해지자! "돈은 절대 행복을 가져다줄 수 없어! 돈은 남에게 아쉬운 소리 안 할 만큼만 있으면 돼!" 이런 말은 더는 하지 말자. "돈은 많을수록 좋다."라고 인정하자. "다다익선이다."라고 고백하자. 그래야 돈이 모인다.

성공적인 투자 포인트를 찾아라

세상에 공짜는 없다! 얻는 것이 있으면 분명히 잃는 것이 있다. 그렇다면 내가 이걸로 얻는 것이 있다면 잃는 것은 어떤 것일까? 나 자신에게 질문해보라. 그리고 어떠한 것으로 잃었다면 이것을 교훈 삼아 어떤 걸 얻게 될 것인지 곰곰이 생각해봐야 한다. 부동산 투자에 성공만 할 수는 없다. 실패도 있다. 하지만 그 실패로 무엇을 얻을 것인지 정확한 피드백 (Feedback)과 관련 요인을 공부해야 다음에는 되풀이하지 않는다. 실패하기 싫으면 시도하지 않으면 된다. 그러면 아무런 일도 일어나지 않는다.

손님 중에 60대 남자분인데 하루가 멀다 하고 오셔서 본인의 땅을 팔아달라고 전화도 오고 직접 내방하시기도 한다. 자신이 잘못 투자한 사실을 인정하기 싫어하는 분이다. 그냥 싼 값에 던져야 하는 토지인데 당신이 매수한 가격에 미련이 남아서 그렇게는 하기 싫으시니, 중개사로서도 답답한 상황이다. 그분의 땅은 군부대 탄약고에서 1km 반경 안에 있는 토지여서 건축 제한을 받는 토지인 데다가 막다른 길에 위치한 현황도로만 희미하게 표시된 맹지 수준의 토지이다. 그런 토지를 왜 샀는지 묻지는 않았지만 팔기란 쉽지 않다. 기획 부동산에 속아서 샀거나 싼 맛에 투자하신 것 같다. 얼마나 많은 사람이 부동산에 대해서 무지한 상태에서 아는 지인을 통해 기획 부동산에 속아서 투자하게 되고 소중한 돈을 사기당하는 일이 많은가. 안타까운 일이다. 그 토지를 매수할 때에는 주변 부동산에 와서 그 토지에 대해서 사전 조사만 했더라도 그런 토지를 사지 않았을 텐데 하는 일이 가끔 있다. 그러나 부동산은 아무리 값이 싸더라도 가격은 억 단위가 넘는다. 그러니 그 돈을 다른 데에 투자했다면 얼마나 많은 시세 가치 상승 이득을 보았을까 하는 생각이 든다. 아마도 더 장기적으로 보유하든지 자녀들에게 증여하든지 다른 마땅한 방법은 없어 보인다. 군부대가 이사 가거나 혹은 규제가 해제되지 않는 한 매매는 당분간 힘들어 보인다.

부동산에는 기회비용이라는 것이 반드시 있다. 이러한 양면성이 반드시 존재하기에 나에게 가장 최적화된 투자는 무엇이고, 어떤 투자가 나에게 이득을 가져다줄까를 심각하게 고민해 봐야 한다. 부동산도 좋아하는 종목이 있다. 토지를 좋아하는 사람, 주택을 좋아하는 사람, 상가를 좋아하는 사람, 취미가 틀리고 기호 재화도 역시 전부 다르다. 상가에 투자하려고 내방한 손님에게 아무리 공장, 토지에 투자하라고 해도 요지부동이다. 자신에게 맞는 선호하는 부동산에 투자하는 것도 좋지만 사회 변화에 혹은 정책 변화에 맞는 투자를 선택해야지, 좋은 결과는 덤으로 얻을 수 있다.

성공 포인트에는 규격화된 정의는 없다. 자신이 처한 상황에 맞는 투자가 가장 최적의 투자다. 개인마다 처한 상황이 다르기 때문에 개인이 투자 가능한 자금 여력도 체크해야 하고 관련 지식도 고려해야지 모르는 곳에 '묻지마 투자'는 위험한 발상이다. 기업도 마찬가지라고 생각한다. 지금의 혼돈 시대를 살아남기 위해서는 기업 환경에 맞는 투자를 해야 많이 살아남는다. 세계의 100대 기업 순위에 들었던 굴지의 대기업들이 어느 날 소리 소문 없이 사라지고 만다. 누구도 장담할 수 없다.

변화만이 변화를 이겨낸다

세계 1위의 점유율을 자랑하던 필름계의 강자 '코닥'이 망할 줄 누가 예측했겠는가. 하지만 2위의 '후지 필름'은 화장품 회사로 화려한 변신을 통해 기사회생했다. 외환 위기 전 우리나라 재계 서열 3위였던 주식회사 대우를 아는가? 세계 경영의 기치를 내걸고 야심 차게 달려가던 대우가 하루아침에 무너질지 누가 알았던가. 김우중의 대우 신화도 허무하게 막을 내리고 말았다. 한때 휴대전화 점유율 부동의 1위를 달리던 '노키아'는 더는 휴대전화를 생산하지 않는다. 변화에 익숙해지지 않으면 우리는 결코 살아남을 수 없다.

나는 개그우먼 팽현숙 씨가 그렇게 부동산에 관한 해박한 지식이 있는지 몰랐다. 그의 저서 『내조 재테크』에서 그의 부동산 투자에 대한 방법과 아울러 임야를 개발해서 상가를 짓고 그 상가를 직접 순댓국집으로 운영하면서 값어치를 업(Up) 시켜 놓고 적정한 이윤을 남기고 넘기는 것은 정말 일반인들은 할 수 없는 테크닉(Technic)이다. 임야 개발 시에는 농지보다 전용비가 더 저렴하다는 사실부터 토지를 매입하여 건축하는 것도 보통 일이 아니지만, 식당이 들어오는 건물은 상·하수도가 완비되어야 하는 등 여러 가지 고려할 사항이 많다. 그런 것을 속속들이 꿰뚫고 있는 부동산 고수로서의 스킬(Skill)이 돋보인다. 지금의 행복한 가정을 이루는 원동력은 팽현숙 씨의 열정과 노력 때문이지 않나 생각한다. 자녀 교육열도 남달라서 영문학 교수를 하고 싶은 자녀의 소질을 조기 개발하여 해외 유학을 보내는가 하면 자신도 뒤늦게 학문에 심취하여 학구열을 불태우는 모습이 '참 에너지가 많으신 분이다.'라는 생각이 든다. 세상에 모든 일이 대충해서는 되는 일이 아무것도 없다. 완벽하게 준비한다고 해도 항상 부족한 게 부동산 개발이다. 부동산학은 종합응용과학이기에 너무나 변수가 많고, 고려해야 할 점들이 많기에 그렇다. 공부하지 않으면 일반인들은 엄두를 못 낼 일이기도 하다.

이제는 학교 공부와는 전혀 차원이 다른 공부를 지속해서 하는 시대가 되었다. 공부하지 않으면 시대 변화에 따라갈 수가 없다. 학생들만 공부하는 시대는 지나갔다. 우리는 대학 공부만 하고 졸업하면 좋은 직장을 구해서 평생직장으로 여기며 살았던 지난날의 생활 패턴을 완전히 바꿔야 한다. 팬데믹이 몰고 온 사회 변화로 인해 그 누구도 생존을 장담할 수 없는 시대가 되었다. 불확실한 미래를 헤쳐나가는 방법은 공부하는 것이다. 주식 공부든, 부동산 공부든, 외국어 공부든 다 좋다. 배워서 해결할 수 없는 문제는 존재하지 않는다. 어떤 공부가 되었건 한번 미쳐보고 나서 평가하자. 하지만 부동산의 가치는 예나 지금이나 변함이 없다. 팬데믹이 오더라도 부동산 가치는 요지부동이다. 아니 오히려 상승 중이다.

지인의 아들 A 씨는 30대 중반으로서 와이프 친한 언니 중에 부동산 마당발인 언니가 정보를 줘서 서울 재개발 구역의 빌라를 사들였다. 이 구역이 고층 신축 아파트로 들어선다는 이른바 황금알을 낳는 빌라였다.

자신과 배우자의 예금에 각자 신용 대출을 최대한 받았고 보험 및 펀드도 모두 해지한 것도 모자라 형제들의 돈까지 융통하여 여기에 올인했다. 그야말로 돈 될 만한 거는 모조리 팔고 빌리고 해약하고 끌어 모아서 투자했다. 그 뒤로 재개발 지역이 새로운 다크호스로 떠오르면서 시세 차익이 장난이 아니었다. 이처럼 초저금리 시대에 20 · 30시대의 '부생아_(부동산신생아)'의 급격한 증가가 새로운 사회 현상이자 트렌드로 자리 잡고 있다. 이처럼 투자 포인트를 잘 잡아서 실천만 잘한다면 틈새는 얼마든지 있다. 우리가 모르고 있었던 혹은 정보가 부족하여 알지 못하는 부분은 관심을 가지고 노력한다면 극복 가능한 난관일 뿐이다. 카페도 많이 있고 요즘은 젊은 세대를 상대로 부동산 동아리가 활성화되어 있어서 이런 곳에서 고급 정보를 알고 정확한 투자 포인트를 찾는 부류도 생겨나고 있다.

3장

절대 지지 않는
부동산 투자
노하우

01

모든 투자에는
노하우가 있다

현대인들은 주거용 아파트 마련이 가장 큰 재테크라고 여기는 듯하다. 그도 그럴 것이 최근에 수도권 아파트 상승은 정말 가파르다 못해 초고속 바이킹처럼 스릴 있고 빠르게 상승하고 있기에 그렇게 생각하는 것도 무리가 아니다. 아파트를 사는 데도 분명히 노하우가 있다. 그리고 인터넷이나 유튜브의 비약적인 저변 확대로 인해 젊은 엄마들 사이에서도 부동산 투자 바람이 거세다. 젊은 세대는 추진력과 판단력이 빨라서 그만큼 행동으로 옮기는 실천력도 뛰어나다. 아파트를 잘사는 노하우는 대전제인 시세보다 싸게 매입하고 주변의 지역 분석을 통해서 초·중학교 인근 학군과 대단지에 로열동, 로열층이면 금상첨화다. 환금성이 좋은 지역의 아파트야말로 부동산 초보 투자자도 쉽게 접근할 수 있는 투자 상품이다. 그러나 이것도 리스크가 전혀 없지는 않다. 모든 부동산 투자에 리스크 0이란 없다.

나는 어릴 때 부동산 투자는 부도덕하다고 교육을 받고 자란 세대다. 흔히 복부인으로 묘사되는 부동산 투자자는 치맛바람을 일으키면서 부동산 시장을 어지럽히는 투기꾼으로 연상되기 때문이다. 그러한 복부인은 사회적으로 비도덕적이며 부조리의 온상으로 표현되곤 했었다. 장영자 사건으로 세간을 떠들썩하게 만들었던 사건들도 그러한 시대적 사회상과 무관하지 않다. 그러나 이런 복부인도 그냥 아무 준비 없이 하루아침에 어느 날 일어나보니 부동산 부자가 되어 있었다고 생각지는 않는다. 그때도 그 사람들은 시대를 앞서가며 부동산의 미래를 점치는 혜안을 소지한 투자자가 분명 있었을 것이다. 그러한 사람들이 지금의 서울을, 강남을 만드는 데 초석 정도는 깔았다고 생각한다. 모든 것에는 순기능만큼의 역기능도 있기 마련이다.

토지 투자는 정말 리스크가 많기 때문에 초보 투자자에게는 버거운 상대이기도 하다. 땅에도 인물이 있다. 인물이 이뻐야 나중에 잘 팔린다. 못생기면 이상하게 잘 안 팔린다. 제일 중요한 건 역시 도로다. 길 없는

부동산 투자 지금 해도 늦지 않다

땅은 아무리 잘생겨도 거들떠보지도 마라, 잘생기고 길 좋은 토지는 세월이 가면 갈수록 관록이 붙어서 잘 팔린다. 큰길가에 있는 토지가 올라도 많이 오르고 나중에 잘 팔린다. 토지는 자금 여력이 많다면 전문가의 도움을 받아 도전하는 것도 괜찮은 투자 종목이다. 토지를 핸들링 할 때는 공법상 지식이 조금은 있어야 한다. 그리고 토지이용계획서 정도는 해석할 정도의 공적 장부 해석 능력도 겸비된 뒤에 토지를 핸들링 해야 한다. 부동산이라는 게 한두푼 하는 게 아니고 고가이기에 잘못 투자하면 금전적 손해가 장난이 아니다. 무작정 나의 소중한 자산을 남의 손에 맡기는 것만큼 어리석은 짓은 없다. 모든 것은 내가 아는 만큼만 보이기 마련이다. 나의 부동산 안목을 키우면 자연스럽게 나의 부동산 자산도 늘어날 것이다.

나는 30대 후반에 경기도 이천 마장 신도시 발표가 나기 전에 조금만 땅을 투자한 적이 있다. 그때는 부동산 공부를 하기 전이었고 잘 아는 공인중개사의 말만 믿고 계획도로밖에 없는 맹지를 비싼 가격에 매입한 것이다. 그리고 얼마 지나지 않아 그 땅은 마장 신도시가 들어오면서 수용이 되었고 나는 내가 매입한 가격보다 손해 보고 수용당하고 말았다.

터무니없는 가격 제시에 행정소송도 해보았지만 결국은 얼마간의 보상금 증액으로 일단락되고 말았다. 그때는 수용될지도 몰랐지만, 계획도로만 있는 맹지를 왜 그렇게 비싸게 샀는지 지금 생각하니까 무작정 생각 없이 토지에 대한 사전 지식도 없이 공부도 하지 않고 투자하였던 얄팍한 나의 내공이 가소로웠고 나에게 그 땅을 소개한 그 공인중개사가 야속했다. 지금도 멀지 않은 곳에서 같은 일을 하지만 만나도 알은 체하지 않는다. 지금의 나는 그런 토지를 손님에게 소개할 자신이 없다. 그 계획도로가 언제 생길지 아니면 전면 백지화될지 모르는 일이다. 좋지 않은 하자 있는 물건은 시간이 조금만 흐르면 뽀록나기 마련이다. 손바닥으로 언제까지 해를 가릴 수는 없는 노릇이다.

재테크의 기술

부동산뿐만이 아니라 주식, 채권, 펀드 등 모든 금융 상품에 투자하는 데에도 노하우가 있을 것이다. 주식 전문가들도 두 부류로 나누어지는 것 같다. 시장을 낙관적으로 보는 사람들이 있고 반대로 비관적으로 보는 사람들도 있다. 어떤 사람은 개미들은 절대로 시장을 이길 수 없다고 말하고 또 어떤 사람은 그 반대로 이야기를 한다. 어떤 말이 맞는지는 알 수가 없다. 다만 누구의 말이든지 맹목적 신봉을 한다든지 무조건 맹신하여 '묻지마 투자'를 하면 절대로 성공할 수 없다는 것은 어떤 자산에 투자하든지 마찬가지인 것 같다.

지금은 부동산 시장이 상승할까? 하락할까? 대부분의 사람이 궁금해

하는 핫이슈이다. 나 역시 지금의 상황을 한마디로 정의하기는 어렵다. 전문가 그룹들도 의견이 분분하다. 부동산 급등은 투기 세력 때문이라는 말을 하는 사람도 있는 것 같다. 물론 부동산 급등이 정부의 부동산 정책 탓이라고만 할 수는 없지만 그렇다고 주부, 청년 할 것 없이 부동산 투기에 뛰어든 결과라고 할 수는 더더욱 없다. 주택 공급이 충분히 이루어져 머지않아 집값이 안정된다는 확실한 시그널(Signal)을 국민에게 주었더라면 지금의 부동산 혼란은 없었을 것이고 젊은 층의 패닉 바잉(공포 매수)도 없었을 것이다.

부동산 하락론을 제기하는 경제학자들도 있고 당분간 상승세를 이어갈 것이라는 전문가 집단도 있다. 아무래도 금융 상품과 부동산 상품은 대체 상품이기에 금융권 전문가들은 부동산 가격이 현재 정점에 있기 때문에 위험하다는 논리를 펼치리라고 본다.

지금 지방의 아파트를 갭투자 방식으로 매수했던 투자자들은 속을 끓이고 있을 것이다. 왜냐하면 한동안 오르던 매매 가격이 조정기에 들어가게 되면 매매 가격 상승이 서서히 멈추고 전세금도 더는 받쳐주지 않게 되고 만기가 돌아오면 전세금을 돌려주려 해도 내 돈을 보태서 전세금을 돌려주게 되는 상황이 초래된다. 소유하고 있는 주택이 많을수록 리스크는 점점 커진다는 것이다. 다주택자들에 대한 세금 중과도 그들을 리스크 속으로 밀어 넣고 있기에 지금은 조정대상지역이 아닌 상대적으로 덜 오른 아파트들을 처분하고 최종적으로 많이 오른 조정대상지역의 주택을 나중에 처분하는 방향 설정이 현명하리라고 본다.

수도권에도 신축 아파트들은 많이 분양하고 있고 수요도 꾸준하다 하지만 구축 아파트들은 상대적으로 수요가 많지 않고 가격 오름세도 신축보다 더디다. 이러한 현상은 질적인 수요 측면에서 해석되어야 할 것이다.

구축들에 대한 신규 수요는 점점 줄어들고 공실은 많아질 것이고 국민의 생활 수준이 높아져 소득 수준에 걸맞은 질적인 거주 문화도 대중 속으로 빠르게 자리 잡아가고 있다.

서울에서는 아파트 가격의 오름세로 인해 빌라, 즉 다세대 주택에 대한 수요가 늘고 있다. 물론 빌라가 아파트의 대체 상품이기에 가능한 일이지만 언제까지 그런 매수가 계속될지 알 수 없다. 요즘 신세대로 일컬어지는 세대와 신축 아파트를 선호하는 세대는 이러한 다세대 주택으로 이사하려 들지 않을 것이기에 신축 아파트에 대한 수요는 한동안 멈춰지지 않을 것이며 신축 아파트의 가격 상승은 당분간 이어질 것이다. 급매를 잡는 방법이 따로 있는 것은 아니다. 부동산 중개사무소를 운영하다 보면 가끔 급매물이 등장한다. 그런데 이런 급매물들이 말 그대로 급매

부동산 투자 지금 해도 늦지 않다

물이다. 이런 물건은 고객을 기다려주지 않는다. 물건을 시장에서 시세 가격보다 싸게 내놓는 대신 빨리 팔아야 한다는 전제가 있다. 그래서 말 그대로 빨리 소화를 해야 하는 급행 물건이다. 이런 물건은 사람을 가리 지도 않고 기다려주지도 않는다. 무조건 준비된 사람에게 돌아간다. 그 래서 은행에 얼마간의 돈이 준비된 손님에게 돌아간다. 급한 대로 계약 금을 걸고 잔금은 한 달 뒤로 미루고 대출을 알아보고 잔금을 치르면 된 다.

3~4년 전으로 기억하는데 손님이 와서 급전이 필요하다고 자신 소유 의 농가 주택을 시세보다 싸게 빨리 팔아달라고 하며 다른 중개업소에는 내놓지 않을 테니까 최대한 빨리 매도해주면 중개 보수도 많이 주겠다는 약속을 하고는 사라졌다. 다음 날도 독촉 전화는 계속 오고 해서 '나는 개 인적으로 엄청 급한 일이 있나 보다'라고 생각했고, 마침 그러한 물건을 소개해달라는 분이 있어서 소개했는데 흔쾌히 계약하자고 해서 날짜를 잡고 계약을 하기로 했다.

그리고 계약 날 부인과 공동 명의여서 부인이 나중에 오고 남자만 먼 저 사무실에 와 있었다. 부부가 같이 오지 않는 것도 나중에 생각해보니 까 이상했고 하여튼 계약하기 전에 등기부등본을 떼서 보니 지금 등기부 등본상 내용이 변동 중이라는 문구가 나오는 게 이상해서 등기소에 알아보니 가처분 등기가 새로 기재되는 중이었다. 결국, 그 물건은 그 소유자가 다른 채무 관계로 소송 중이었고 그런 내용이 등기부에 기재되는 중이었다. 그래서 그날 이후로 급하게 팔아달라면 매도자가 급한 것이지 공인중개사도 덩달아 급하면 안 된다는 교훈을 얻은 사례였다. 왜 급하게 파는 것인지 공인중개사는 한 번쯤 의심해볼 필요도 있다. 급매는 싸게 매도해주는 것도 중요하지만 그런 물건일수록 안전하게 매도해야 한다는 것을 명심해야 한다. 아무리 급해도 바늘을 허리에 매어서 쓸 수는 없는 것이다.

아파트 투자만이
부동산 투자의
전부가 아니다

'부동산 = 아파트', '부동산 = 토지'라고, 지금까지 많은 사람이 그렇게 생각해 왔다. 그래서 아파트나 토지 가격이 오르면 우리는 부동산 가격이 올랐다고 표현을 해왔다. 부동산에는 여러 종류의 부동산이 존재하는데도 말이다. 집으로 표현되는 주거 문화 콘텐츠 중에서 가장 좋아하는 주거 대상이 아파트이다. 우리나라 사람들만큼 아파트를 선호하는 사람들도 없을 것이다. 아파트는 특히 생활이 편리하고 관리까지 해주니까 다른 주택에 비해 손 가는 데가 별로 없지만, 관리 비용이 만만찮게 들어간다. 세상에 공짜는 없는가 보다. 그럼 어떤 아파트 투자가 좋은 투자가 될까를 짚어야 한다. 먼저 입지 면에서 보면 역세권 혹은 숲세권 소형 아파트를 선호하는 사람들이 많고, 그다음이 소위 말하는 강남 8학군 같은 학군 좋은 입지, 그다음으로 일자리가 많은 곳의 아파트와 대단지 아파트가 좋은 입지로 꼽히고 있다. 이 모든 입지를 충족하는 것이 바로 서울에 있는 아파트고 강남에 있는 아파트들이다. 서울은 자가 점유율이 40% 대로 비서울과 비교해서 현저히 낮고 실거주 수요자가 많다는 의미도 되고 투자자가 소유하는 아파트도 많다는 것이다.

서울에서 가장 비싼 서초구 반포동에 위치한 '아크로리버파크'는 3.3㎡당 9,000만 원에 육박한다. 이것이 거품인가, 아닌가는 대기 수요에 있다고 할 것이다. 가격이 꼭지라고 하더라도 대기 수요가 존재한다면 그것은 꼭지가 아닐 수 있다. 거품이라고 말하는 것은 투자 수요자가 실수요자보다 많을 경우를 말한다. 너도 나도 아파트 투자할 때는 가수요가 많다는 것을 의미한다. 강남을 대체할 만한 곳이 있다면 강남 집값은 거품일 수가 있다. 그러나 강남을 대체할 만한 후보지가 현재로는 존재하지 않는다.

강남발 아파트 폭등의 여파가 서울 전 지역으로 확산하였고, 심지어는 세종시에까지 영향을 미쳐서 세종시 아파트 가격이 경기도 전체 평균을 앞질렀다. 지금은 조정대상지역이 경기도 일부 지역을 제외한 전 지역으로 확산하기에 이르렀고, 규제가 그만큼 심해진다는 것을 의미하며 풍선 효과가 경기도 대부분 지역으로 확장된 것을 보여준다.

친구 중 C가 있다 50대 중반의 남자로서 대기업 임원을 하다가 얼마 전 자의 반 타의 반으로 희망 퇴직했다. 퇴직하고 마땅한 수입 구조가 없다 보니 마음은 초조하고 돈 쓰던 가락은 있고 지출을 갑자기 줄인다는 게 보통 어려운 일이 아니다. 그래서 현재 사는 강남의 아파트를 처분하고 강북으로 가고 남는 차익으로 수익형 부동산에 투자해서 매월 고정적인 현금 흐름이 나오도록 파이프라인을 만들라고 조언을 했고 지금 노력 중이다. 이 친구는 과거 직장 관계로 서울에 있던 아파트를 처분하고 김포에 아파트를 장만하고 그곳에서 생활했던 적이 있다. 그런데 김포 아파트 가격은 분양가에서 조금 올랐고 매도했던 서울 소재 아파트 가격은 하늘 높은 줄 모르고 상승하니 한 번의 판단 미스로 엄청난 금전적 손해를 감수해야만 했다. 이렇듯 부동산을 모르면 미래를 내다보는 안목도 생길 수가 없다.

전체적인 부동산의 흐름을 모르는데 어떻게 적절한 투자와 수익을 창출할 수가 있겠는가? 이를 계기로 이 친구는 부동산 공부에 심취하여 지금은 거의 전문가 수준의 부동산 지식을 소유하고 있다. 아는 만큼 보이는 것이 부동산이다. 스스로 자산을 늘리고 싶다면 배우는 것을 게을리해서는 안 된다.

아파트 투자와 대체재 투자

〈한국감정원〉에서 주간 서울 아파트 그리고 다세대주택 매매지수 동향을 스크랩해봤다.

〈한국감정원〉 제공 서울 지역 다세대(연립) 매매가격지수

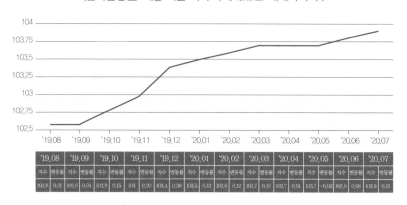

〈한국감정원〉 제공 서울 지역 아파트 월별 매매가격지수

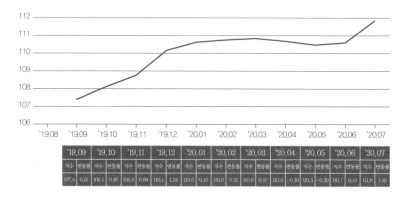

부동산 투자 지금 해도 늦지 않다

2019.09부터 2019.12까지 서울 지역의 다세대(연립) 매매가격지수가 가파르게 상승하고 있는 것을 볼 수 있고 2020.03부터 2020.05까지 조정장을 보이다가 다시 가파른 상승세를 보인다. 서울의 아파트 월별 매매가격지수를 나타내는데 2019.12부터 2020.06까지 완만한 조정장을 보이다가 2020.07부터 다시 상승세로 돌아서는 모습을 보인다. 서울 지역의 주거 형태 중 서로 대체재의 관계에 있는 아파트와 다세대(연립)의 월별 매매가격지수 동향을 살펴보았는데 두 종목 다 공통점은 우상향하는 가운데 조정을 보이는 달이 있다가 다시 상승하는 사이클을 보여주고 있다.

지금까지는 아파트 투자에 대해서 알아봤다. 자신이 생각하기에 서울 아파트는 가격이 너무 올라서 서민들이 접근하기에는 다소 벅찬 감이 있다고 생각하시는 분들은 다세대로 눈을 돌려보자. 그러면 다소 투자금이 적더라도 서울에서 역세권 주위의 알짜 빌라를 매입할 수도 있다. 그렇게 매입해서 자신이 직접 손품을 팔아 도배, 장판, 그리고 페인트칠하고 욕실 샤워기도 갈고 낡은 전등갓도 교체하고 방충망도 직접 갈고 문짝도 낡았으면 갈고 해서 들어가는 비용을 최대한 아껴서 투자금이 부담스러우면 전세 놓고 몇 년 기다리다가 시세 차익 보고 팔면 된다. 다가구 주택도 매입하면 된다.

투자금이 적으면 주인 세대에 거주하면서 전세를 주고 차츰차츰 목돈을 모아서 월세로 전환하면 된다. 다주택자에 대한 세금 정책이 과해서 주택을 매수하는 것은 부담이 가는 것도 사실이다. 그렇다면 아파트형 공장 즉 지식산업센터 오피스를 사들이는 것도 좋은 투자 방식이다. 돈이 없지 부동산은 널렸다. 그러니 돈을 열심히 모으자. 종잣돈은 다 어디 갔나? 부동산 종목은 얼마든지 있음으로 수익률을 보자면 시세차익이 못 따라갈 수도 있다. 그러니 너무 좋은 완벽한 수익률과 시세 차익 모두 충족하는 부동산 재테크는 어려울 수 있으니 최대한 승리하는 나만의 투자 비법을 터득하자.

아들에게도
안 가르쳐주는
부동산 투자 비법

부동산 투자 비법은 주식이나 채권 펀드 등과는 다소 다르다. 부동산은 일단 종목당 가격이 고가다. 한두 푼 들어가는 투자가 아니다. 어쩌면 당신의 모든 것, 혹은 사돈의 팔촌 돈을 다 끌어 모아서 투자할지도 모른다. 그런 피 같은 돈을 함부로 낭비한다든지 엉뚱한 종목에 투자해서 원금도 못 건지고 돈은 돈대로 다 묶여버리고 팔리지도 않고 애물단지로 전락한 부동산을 너무 많이 봤다. 역시 신중하게 공부하고 투자해야 하는 이유다. 아들에게도 조심스럽게 투자하는 방법을 알려주라는 의미다. 보수적인 투자 방법으로 접근하는 것이 내 돈을 보전하는 데는 최고다.

특히 초보자라면 말할 나위도 없다. 항상 사기는 욕심에서 출발한다. 사기꾼들은 여러분에게 이렇게 접근한다. 한번 예를 들어보자. 달콤한 감언이설로 "사장님에게만 알려주는 건데요. 사실 우리가 용인 반도체 클러스터 옆에 대단지 신산업단지 개발을 하고 있어요. 사장님이 투자하시면 원금의 10배는 무조건 보장합니다. 보세요." 하면서 프린트물이나 건물 조감도를 보여줄 것이다. 그렇게 사기는 시작된다. 여기에 속아서 집 팔고 대출받고 사돈의 팔촌 돈까지 끌어들여서 패가망신한 사람이 한두 명이 아니다. 나는 3명이나 봤다.

2030 세대는 종잣돈이 없어서 고가의 부동산에 투자할 여력이 없다. 그래서 종잣돈 마련이 될 때까지는 부동산 공부를 해야 하며 부지런히 세미나에 찾아다니고 성공한 부동산 투자서를 많이 읽어봐야 한다는 것이다. 그래서 스스로 견문이 넓어지면 실전 투자를 살살 해봐야 한다. 갭투자를 이용하여 소형 오피스텔과 빌라 등을 경매로 받아도 보고 사고팔고를 반복해서 씨 돈(Seed money)을 늘려야 한다. 그래서 4050 세대가 되면 본격적인 투자에 나서야 한다. 토지를 사서 개발을 하여 부가가치를 높여서 어느 정도 보유하다가 양도세 부담이 낮아지면 되파는 전략을 통해 부를 늘려가야 한다. 서울 같은 경우는 워낙 땅값이 비싸기에 낡은 주택을 매입해서 다가구 주택을 건축하거나 꼬마 빌딩을 건축하거나 상가 주택을 신축하거나 해서 부동산 개발을 통해 부를 축적하는 게 순서다.

아무래도 건축을 하려면 많은 경험이 있어야 하기에 4050 정도 되었을 때 건축을 하면 성공 확률이 높다.

잘 아는 친구 공인중개사 중에 K는 50대 중반의 남자로서 20년 넘는 중개사 생활로 보통 사람의 몇 배의 연봉을 번다. 주로 하천 구역의 땅이나 혹은 고속도로 옆의 접도 구역의 땅과 맞닿아 있는 토지를 매입하여 개발해서 별로 쓰임이 없었던 나라의 땅을 소중한 내 땅의 일부분으로 편입시켜 넓은 마당으로 사용할 수 있도록 기획한다. 그리고 하천 부지의 경우는 수자원 공사 등에 하천 점용료로 일 년에 몇만 원 주고 거의 공짜로 사용한다. 하지만 접도 구역은 점용료도 내지 않고 무료로 쓴다. 그것도 노하우다. 그런 토지를 살리면 장시간의 토지 공부는 필수다. 오랜 중개사 경험으로 자연스럽게 취득한 노하우로 지금은 부동산 중개를 하지 않는다. 그는 중개를 너무 오래해서 매너리즘에 빠진 탓도 있지만, 사람들을 상대하는 일이 너무 싫다고 한다. 성격상 어쩔 수 없이 했지만, 지금은 하고 싶지 않다고 한다. 그렇다. 이것이 바로 경제적 자유를 누리는 자들의 여유이다. 내가 하기 싫은 일은 하지 않고 사는 것은 경제적 자유인들만이 누리는 특권이다.

그래서 중개사무소는 열어두고 있지만 거의 일은 하지 않고 단지 이러한 토지를 사들여서 고부가가치의 땅으로 변신시켜서 매도하는 전략으로 일 년에 몇 억을 번다고 한다. 그리고 지금은 친분 있는 의뢰인들의 부탁을 받고 토지를 매입해주거나 자산 관리를 해주는 일을 하면서 얼마간의 수입을 챙기는 부동산 자산관리사의 일도 겸하고 있는 부동산 고수이다.

투자의 놀라운 발견

보통 사람의 눈에는 그냥 국가의 쓸모없는 무주공산의 땅이다. 하지만 이를 알아보는 사람에게는 귀중한 토지 자원으로 재탄생된다. 그러나 K도 처음부터 개발의 고수가 된 것은 아니다. 많은 시행착오를 거치면서 중개사 초창기에는 잘못 투자한 토지로 인해 지금도 대출이자만 물고 있는 토지가 있다고 한다. 그 땅은 자식에게 상속해주기로 했단다. 그렇게 고수가 되기 위한 길은 험난하고 멀다. 부지런히 공부하고 갈고닦지 않으면 절대 한 분야의 고수가 될 수가 없다.

부동산 개발은 아주 매력적인 직업이다. 최초 토지를 매입할 비용 중 50% 정도만 있다면 토지를 담보로 대출을 일으켜 일단 매입하고 건축 허가를 내게 되면 건축 비용이 대출된다. 대출로 준공을 내고 건축 시공사에게는 건축물 임대 시에는 보증금을 받아서 공사대금을 변제하고 건물 매매 시에는 매매될 때까지 기다리는 조건으로 공사 계약을 하면 된다. 물론 시공사와 어느 정도의 친분이나 혹은 신뢰 관계가 형성되고 나서의 이야기이다. 그래서 작은 돈으로 개발을 하기 위해서는 고육지책으로 다음과 같은 방법으로 개발이 가능하다.

　필자가 중개업을 하는 경기도 광주시는 공장, 창고 개발을 하는 디벨로퍼(Developer)분들이 많이 있다. 이분들은 현재 토지를 매입해서 각종 인허가 사항을 알아보고 거래하는 건축사무소에서 설계도면을 그려서 이 토지에 어떤 형태의 공장이나 소매점을 지으면 가장 최적의 배치가 될까를 고민하고 전문가와 상의한 뒤에 건물을 짓는다. 건물을 지을 때 농지를 매입해서 건축하게 되면 농지전용 부담금(분할납부 가능)을 내야 하고 그외에 토지개발 면적이 1,652㎡를 초과하게 되면 개발 부담금을 부담해야 한다. 그리고 건축물 1동의 면적이 198.34㎡를 초과하게 되면 종합건축면허를 소지한 시공사가 공사해야 하는 등 초과 비용이 들어간다.

　또한 토지매입 시에는 그 토지의 용도지역이 무엇인가를 알고 매입해야 하는데 각각의 용도지역에 건축할 수 있는 건축물은 제한적이고 다 다르기 때문이다. 복잡할 것 같지만, 그렇게 복잡하진 않다. 처음부터 쉬운 게 어디 있겠는가? 이런 과정을 거치고 나서 건축물을 매도하게 되면 꽤 짭짤한 수입을 챙길 수 있다.

　잘 아는 디벨로퍼(Developer) 중에 L이라는 50대 초반의 남성분이 계신다. 그는 주로 공장을 개발하여 매도하는 일을 한다. 전형적인 공장·창고 디벨로퍼이다. 이런 일을 오래하다 보면 고수들의 촉은 일반인과는 다르다. 이 땅이 고객들의 눈높이에 맞는 땅인지 공장을 지었을 때 수익을 창출할 수 있는 땅인지, 딱 보면 안다는 것이다. 그리고 건물을 어디에 어떻게 앉혀야 모양이 나오는지, 조경은 어떻게 해야 공장 건물이 살아나는지 나무 한 그루에도 제각각 위치가 정해져 있어야 한다는 것이다. 이러한 감각은 오랜 경험이 아니면 불가능한 감이다. 그리고 이런 분들은 오랜 시간을 건축 관련 일을 했기 때문에 종중 땅을 매입하여 몇 년을 끌고 간 소송에서부터 건축 관련 민원 제기 시 대처 능력 혹은 동네 이장과의 밀고 당기기 등 오만가지 현장에서 생길 수 있는 잡다한 일들을 다 처리하고 경험한 그야말로 베테랑 고수이다.

　개발 사업을 하다 보면 별의별 일들이 생긴다. 문화재 보호구역에서 건축하다가 문화재 심의로 인해 몇 달 혹은 몇 년을 기다리게 되는 어이없는 일도 당하게 되고 땅을 굴착하다가 암반이 나오는 바람에 몇 달씩 공기가 늘어나고 추가 비용이 발생하게 되고 임야 개발하다가 무연고 묘지를 발견하게 되면 절차대로 처리해야 하는 등 개발 과정에서의 변수는 너무 많고 우리가 알고 배워야할 것들이 너무 많다. 이러한 비법들을 하나하나 소개 못한 점은 이해하길 바란다. 이런 디벨로퍼들의 노력과 희생이 있었기에 대한민국 중소기업을 운영하시는 분들이 아늑하고 쾌적한 작업 환경에서 사업에 몰두할 수 있는 것이다. 이러한 사업 비법은 보통 친인척들 간에 공유되곤 한다. 돈이 투자되기에 그렇고 남에게 기술적인 문제들을 잘 공유하지 않는 오랜 관행 때문이기도 하다. 이처럼 부동산의 투자 비법은 무궁무진하다. 어떠한 부동산에 투자하든지 사전지식 없는 '묻지마 투자'는 내 돈을 공중에 뿌려버리는 어이없는 행동이라는 것을 명심해야 한다. 모든 사업에도 비법이 있듯이 부동산에도 마찬가지 비법이 존재한다. 그런 비법들은 내가 부동산에 관해서 열심히 공부하고 직접 현장에서 부딪쳐봐야 알게 된다.

좋은 빚과 나쁜 빚
– 빚을 디자인하라

세상에 좋은 빚이 있는가? 빚이란 다 나쁜 것 아닌가? 일단 빚이란 내가 번 돈이 아니고 남의 돈이기에 내가 잠깐 빌려서 사용하고 나서 그 사용에 대한 대가를 지불하게 되는 돈이 빚이 아닌가. 그런데 남의 돈을 빌리는 게 뭐가 좋다는 건가? 우리나라 사람들은 은행이든지 개인에게든지 빚을 지면 큰일 난다는 오래된 생각이 존재한다. 나 역시 빚지면 큰일 난다는 생각을 한 적이 있다.

어릴 때 우리 집은 굉장히 궁핍한 생활을 했고, 돈을 꾸러 다니는 부모님을 본 적이 있다. 그럴 때마다 우리 집은 왜 돈이 없는 걸까 하고 생각했었다. 성경에도 나오지 않는가. "너는 사람으로 더불어 손을 잡지 말며 남의 빚에 보증이 되지 말라."라고. 그렇다. 빚을 지면 지금도 집을 경매로 잃게 되는 경우가 있다. 철이 없던 시절 신용카드를 쓰면 꼭 공짜로 쓰는 것 같았던 적이 있었다. 공짜가 아닌데도 말이다. 공짜가 아니고 이자가 붙어서 결제일에 결제되더라도 현재 쓰기에는 편하고 부담 없으니까 그런가 보다. "외상으로는에는 소도 잡아먹는다."라는 속담이 있다. 빚을 통제할 수 있느냐 없느냐가 빚을 대하는 태도이다. 하여간 빚은 양날의 칼인가 보다. 잘 사용하면 요리사에게도, 재단사에게도 유용하지만 강도에게는 흉기로 돌변하듯이 말이다.

금융 관계자들에게 빚을 어떻게 보는지 물었다. "개인에게 빚은 신용이다."라고 정의한다. 신용이 좋으면 낮은 금리로 잘 빌려주지만 한 번 거래해봐서 연체한 사실이 있으면 돈을 잘 빌려주지 않는다. 빌려주지 않는 것으로 끝나는 것이 아니고 푸대접을 받고 무슨 범죄자 취급까지 서슴지 않는다. 그 은행에서 돈을 빌린 적도 없는데 은행원들의 태도는 쌀쌀맞기 그지없다. 은행은 신용을 최고로 친다. 사람을 평가하는 기준이 오직 신용이다. 아무리 그 사람이 사장이든 대기업 간부든 대학 교수든 상관없다. 최근에 대기업의 임원으로 퇴직하고 난 뒤에 사업차 은행에 들러 대출을 알아보는 과정에서 모든 서류를 다 작성하고 나서 직업

란에 대기업 임원 퇴직이라고 채웠더니 은행 직원의 말투가 퉁명스러워지면서 선생님은 대출 대상이 아니라는 차가운 말에 무거운 발걸음을 돌렸다고 한다. 과거는 중요하지 않다. 오직 현재만이 중요한 나의 갑옷이다.

소유하고 있는 기업체가 있으면 뭐하는가. 신용이 바닥이면 은행에서 그 사람의 지금 하는 일과 소득에 상관없이 바닥 취급을 받는다. 현대사회는 철저한 신용 사회이다. 카드 한 장으로 전 세계를 마음대로 누빌 수 있고, 잠도 마음대로 자고, 먹고 싶고, 마시고 싶은 것을 카드 한 장으로 다 해결이 되는 시대이다 보니 그 사람의 신용이 바로 그 사람의 품위이고, 현찰이고, 사람 됨됨이다. 그래서 신용을 한번 잃게 되면 불편을 감수해야 한다.

손님 중에 H가 있다. 50대 후반의 남자분이고 가구 공장을 제법 크게 하고 계시고 근동에서는 부자라고 소문이 난 잘나가는 중소기업 사장님이시다. 기업체명도 모두 사모님이 대표이사이시다. 그 이유는 젊었던 시절 몇 번 부도내고 은행에 빌린 돈을 갚지 못해서 파산한 적 이 있기 때문이란다. 그래서 모든 사업자 명의도 부인으로 되어 있고 카드 한 장도 전부 본인 명의가 없다. 보통 불편한 게 아니라고 귀띔한다.

부동산 투자 지금 해도 늦지 않다

그도 그럴 것이 지금의 나이에 남의 이름으로 살려다 보니 귀찮은 게 한두 가지겠는가? 하여튼 정상적인 게 가장 좋다. 정상적이지 않으면 왠지 불편하고 번거롭다. H는 농담으로 본인 저승 갈 때도 본인 신용카드 말고 사모님 카드 꼭 넣어달라고 부탁한다고 하신다. 사실 빚은 적당히 있는 게 좋다. 지금같이 세금이 투명하게 집행되는 시기에는 절세를 해야 한다. 돈이 많아서 전부 순수한 내 돈으로 부동산을 매입하면 좋겠지만 그렇지 않다면 대출을 어느 정도 일으켜서 부동산을 매입하면 종합소득세 낼 때도 부채 부분 즉 은행이자는 공제해주니까, 어느 정도의 부채는 오히려 절세하게 해준다. 삼성전자도 부채가 있다.

지렛대를 이용한 투자는 좋은 빚이다

연체가 한 달은 괜찮지만 2달 3달 지나가면 기하급수적으로 불어난다는 것을 도표는 말해주고 있다. 이처럼 연체가 되면 금융기관에서도 한순간에 고리대금업자로 변한다는 사실을 잊지 말아야 한다. 우리가 복리의 게임을 잘 알고 있다. 일찍이 아인슈타인은 복리 계산이야말로 인간의 가장 위대한 수학적 발견이라고 정의한 바 있다.

복리의 개념은 돈의 가치에 시간의 개념을 부과한 것으로 시간이 지나면 돈의 가치가 천문학적으로 불어난다는 이론이다. 은행은 고객이 연체하면 복리의 이론으로 연체 이자를 계산하는 듯하다. 그러니 절대로 연체하지 말아야 하며 연체할 정도의 무리한 대출은 분명 나쁜 빚이다. 나쁜 빚은 반드시 새롭게 디자인해서 데미지를 최대한 줄여야 한다. 나쁜 빚을 이쁘게 좋은 빚으로 리디자인 하기 전에는 허리띠를 졸라매고 긴축 재정을 통해 건전한 재정으로 거듭나야 한다. 그렇지 않으면 당신의 침상을 뺏길 것이다. 명심하라!

대출 연체 시 지연배상금 산정 방법 (국민은행 제공)

• 가정
- 대출원금 : 1억2천만 원, 약정이자율 연 5%
- 대출종류 : 가계 신용대출 (이자지급기일로부터 1개월간 지체 시 기한의 이익 상실)
- 상환방식 : 만기일시 상환방식 (이자는 매월 납입)
- 지연배상금률(연체이자율) : 약정이자율 × 연 3%(연체가산이자율)

	연체 1개월 시점 납부 시	연체 3개월 시점 납부 시	
		(연체시작일~연체 1개월)분	(연체 1개월~연체 3개월)분
약정이자(a)	1,000,000원	1,000,000원	
약정이자 계산방법	원금 × 연5% ×2/12 (약정이자 2개월분)	원금 × 연 5% × 2/12 (약정이자 2개월분)	
지연배상금(b)	3,333원	3,333원	1,600,000원
지연배상금 계산방법	지체된 약정이자 500,000 × 연 8% (5% + 3%) × 1/12	지체된 약정이자 500,000 × 연 8% (5% + 3%) × 1/12	원금 × 연 8%(5%+3%) × 2/12 (기한이익상실 후 2개월 분)
납부할금액 (c=a+b)	1,003,333원	1,003,333원 + 1,600,000원 = 2,603,333원	
기한의 이익을 상실한 경우에는 대출원금 전액을 상환하여야 할 수 있음			

부동산 투자 지금 해도 늦지 않다

나 역시 돈에 대해 무지했고 더더구나 금리에 대해서 무지했다. 은행에서 돈을 빌리고 어떤 대출이 나에게 저렴한 금리인지, 어떤 대출이 나에게 0.5%라도 유리한 금융 상품인지 알지를 못했다. 만약에 그런 상품이 있다면 당장 갈아타야 한다. 그래서 빚을 새롭게 디자인해야 한다. 그것이 바로 부자로 가는 지름길이자 부자들의 돈 관리 방법이다. "에이 그깟 것 몇 푼 된다고 골치 아프게 은행에 가서 번거롭게 서류 준비해서 갈아타냐."는 말을 한다면 당신은 부자가 되기 싫다고 고백하는 게 솔직한 표현이다.

레버리지 효과라고 하는 좋은 빚도 우리가 잘 관리해야 한다. 수익형 부동산에 투자한 사람들은 세입자가 사업이 잘되거나 직장을 잘 다녀서 그 사람이 나 대신 은행에 나의 대출 이자를 잘 내줘야만 내 자본이 고생 안 한다. 그래서 나는 지금도 하나님께 하는 기도 중 두 번째 정도의 순서에 우리 임차인의 사업 번창을 넣어둔다. 그것이 나를 위한 일임을 나는 알고 있다.

05

소득은 상관없다
얼마나 관리하고
불리느냐다

　필자도 젊은 시절 돈을 개념 없이 펑펑 써버린 시절이 있었다. "나 같
은 놈이 어떻게 부자가 될 수 있겠어. 차라리 이래도 안 되고 저래도 안
되니 먹고 죽은 귀신 때깔도 좋다고 하지 않던가." 하면서 돈을 값어치
없이 날려버렸다. 술을 좋아했기에 술값으로도 제법 탕진했다. 내가 써
줘야지 지역 경제가 잘 돌아가고, 나아가 나라 경제가 잘 돌아간다는 말
도 안 되는 경제 논리로 나 자신을 스스로 위로하곤 하면서 돈이 모이기
가 바쁘게 써버리는 탕아의 짓거리를 한 적이 있다. 젊은 시절 돈을 많이
벌지 못했기에 천만다행이라는 생각이 든다. 나 역시 돈에 대해 너무 무

지했다. 항상 젊음이 그대로 유지되는 줄 알았다. 돈을 몰라도 너무 몰랐다. 그때 생각하면 가족에게 미안한 생각이 드는 것이 뒤늦게 철이 드나 보다. 철드니 망령 났다는 말이 나를 두고 한 말이 아닌가 싶다.

돈을 이해하자. 돈이란 아주 변덕이 심한 까칠한 놈이다. 자기가 생각하기에 자기의 주인이 자기를 홀대한다든지 하찮게 여기면 성질을 부리고 주머니에서 가만히 있지를 않는다. 여차하면 가출을 할 기세다. 주인은 이런 놈을 잘 관리해야 한다. 기분은 어떤지, 상태가 어떤지, 항상 체크하고 최적의 상태로 있게 관리해줘야 한다. 주인은 종을 자식처럼 대해야 그 종은 자기 주인에게 충성하는 척이라도 하며 골질을 하지 않는다. 그래서 살살 구슬려서 잘 데리고 살아야 한다. 그러면 돈이란 놈은 자기 친구를 데리고 들어오기도 하고 결혼도 하고 자식도 낳고 그곳에서 눌러 산다. 우리가 돈을 벌려면 얼마나 힘이 드는가? 그래서 돈 님을 화내게 해서도 안 되고 서운하게 해서도 안 된다.

한국 사람처럼 서운한 걸 싫어하는 사람도 없다. 우리는 친한 사이일수록 서운한 감정을 많이 느낀다. 친한 사람에게 "내가 그걸 꼭 말을 해야 알아?"라고 하면 서운한 감정이 생겼다는 의미다. 서운함을 느끼는 상대가 어려운 처지에 놓여 있을수록 그런 감정은 더욱더 뿜어져 나온다. 그러기에 어려운 처지에 있는 친한 사람일수록 말조심해야 하고 행동 조심해야 한다. 평상시에는 웃고 넘어갈 일도 자기가 처한 상황을 결부해서 빚어진 일이라고 생각하게 되면 서운한 감정이 가슴에 꽂히게 되고 감정이 오래 간다.

'스노우폭스' 김승호 회장님의 『돈의 속성』에 나오는 대목에서 돈을 인격체로 대한다는 것에 전적으로 공감한다. 돈은 법인처럼 인격이 있기에 사람으로 대해야 한다는 것이다. "돈을 버는 것만큼 지키기도 힘들다. 돈을 잃지 않고 지켜내는 일은 결코 저절로 이루어지지 않는다. 반드시 배워야 할 일이다. 버는 것은 기회와 운이 도와주기도 하지만 지키는 건 공부와 경험과 지식이 없이는 결코 얻을 수 없는 가치다."라고 기술했다. 그렇다. 돈을 크게 벌 수도 있고 로또로 하루아침에 거부가 될 수도 있으며, 갑자기 상속으로 큰돈이 생길 수도 있다. 그러나 그러한 돈은 나의 수고와 노력이 가미되지 않아 가벼운 눈처럼 허무하게 사방으로 녹아버리고 만다는 것을 알아야 한다. 젊었을 때 큰돈을 벌었어도 그것을 관리할 능력이 없는 사람들은 얼마 가지 못하고 빈털터리로 망하고 마는 것을 종종 보곤 한다. 돈을 담는 그릇을 크게 키우지 않는다면 성공을 해도 유지할 수 없다는 사실을 명심해야 한다.

친한 친구 J가 있다. 50대 중반으로 각종 침구류를 전국 각지의 호텔이나 연수원 숙박업소 등에 전문으로 공급하고 있는 중소기업 사장이다.

너무나 열심히 일하는 친구다. 그런데 아직 자가 공장이 없다. 난 참으로 알 수 없었다. 저렇게 열심히 일하는 친구가 왜 돈을 모으지 못했을까? 지금은 남양주에서 자가 공장을 하려면 600~700평 정도의 부지에 건평이 1, 2층 합쳐서 200평에서 300평 정도 필요하다. 그러면 비용이 20억 가량 소요된다. 물론 적은 돈이 아니다. J는 영업적으로는 동물적인 감각을 가지고 태어났다. 그런데 수중에 모아둔 돈이 얼마 없다. 많이 벌었지만, 남이 돈 쓰는 것을 못 보는 성격이다. 그러한 성격 탓에 아직 변변한 구역(일터) 하나 장만하지 못했으며 공장 임대료 내느라 밑 빠진 독에 물을 계속 붓고 있었다. 돈이란 아무리 많이 벌어도 새는 데에는 못 당한다. 돈의 개념이 적립되지 않아서 그렇다. 지금도 늦지 않았다. 그 버릇을 고치기는 쉽지 않지만 노력하면 안 될 일은 세상에 없다.

끌어당김의 자연 섭리를 거슬리지 말아야 한다

돈은 우주의 법칙과 정확하게 맞아떨어진다. 돈이 많을수록 돈의 무게가 무거울수록 잡아당기는 힘이 강력하다. 그래서 가벼운 돈을 무거운 돈은 사정없이 끌어당긴다. 우리는 이 우주의 법칙을 깨닫고 돈의 성질을 이해하고 왜 끌어당기는 힘이 나에게 작게 작용하는지 알고 있어야 한다. 행여라도 "이만하면 충분해. 그만 벌어도 돼! 내가 지금 먹고살기도 빠듯한데 무슨 돈을 벌겠어."라고 잠재의식 속에서라도 안일한 생각을 하면 안 된다. 나는 돈을 벌어야 하고 얼마를 언제까지 벌어야 한다고 다짐하고 자신을 끊임없이 세뇌해야 한다. 그러면 나의 잠재의식 속에 있던 나의 뇌세포들이 우주의 끌어당김의 원리에 충실히 반응하여 움직이기 시작한다. 이것이 우주의 법칙이요, 중력의 원리이다. 우리의 뇌도 소우주임을 망각해선 안 된다. 그래서 우리가 부정적인 생각을 하지 말라는 것이다. 우리의 뇌가 부정적인 명령을 실행하기 때문이다.

돈의 소득과 부자가 되는 것하고는 아무 상관이 없다. 천만 원을 벌어도 천만 원을 다 소비해버리는 사람과 200만 원을 벌어도 100만 원을 저축하는 사람과는 5년 뒤 이자에 이자가 붙어서 그 이자가 다른 자본을 더 세게 끌어당기기 때문에 더 빠른 속도로 자본이 불어나는 것이고 이것이 복리의 힘이다. 적은 돈을 우습게 보아서는 안 되는 이유가 바로 여기에 있다. "돈이 인생의 전부가 아니다."라고 얘기하는 사람이 있고, 혹은 "돈이 행복의 조건이 아니다."라고 얘기하는 사람도 있다. 물론 돈으로 행복을 살 수는 없다. 부자가 전부 행복하지는 않다. 하지만 빈자보다 최소한 더 행복한 조건을 갖추었다. 왜냐하면 빈자들은 그 불편함이 몸에 익어서 단지 느끼지 못할 뿐이다. 북한 사람들이 그곳에서 나름 불편해하지 않고 사는 것은 바로 그런 이유다. 우리는 북한에서 절대 살 수가 없다.

이미 그 이상을 살아봤기 때문에 얼마나 불편하고 괴로운 것인지 잘 안다. 다시 1980년대의 경제 상황으로 돌아가라면 젊은이들은 세상을 하직하는 사람들이 많이 나올 수도 있다. 줄여서는 살 수가 없다. BMW를 몰던 사람이 경차를 몰고 다니기가 쉽지 않다. 50평대의 집에서 넉넉하게 살다가 20평대의 작은 집에서 부대끼고 살다 보면 여기저기 아픈 데가 많아질 것이고 몸이 쉽게 피곤해짐을 느낄 것이다.

후배 중에 O가 있다. 나이는 50대 초반이고 남성이며 공무원인 노총각이다. 이 친구는 공무원이 된 지는 몇 년이 되지 않는다. 서울 소재 대학을 졸업하고 고시원과 독서실, 도서관 등지에서 고시 준비를 꽤 오랜 시간 매달려 시간을 보낸 친구다. 그러니 당연히 사회성이 떨어진다. 돈을 자신의 힘으로 벌어본 지가 너무 오래되어서 본인 스스로 경제 생활을 규모 있게 이끌어나가지 못한다. 이 친구를 도서관에서 봤는데 어딘지 얼굴에 건강하지 못하다고 생각했는데 이 후배는 만성적인 지병을 앓고 있었다. 그런데도 나름 잘 무장된 다년간의 여러 분야의 지식으로 무장되어 있어서 어떤 주제를 주면 막힘이 없이 술술 나온다.

그런데 문제는 돈이다. 집안에 돈이 많은 막내아들이다 보니 그러한 사실을 아는 후배의 친구들은 후배를 보고 "집도 잘살고, 공무원인데 왜 지금도 저렇게 인색하게 살까?" 하고 생각하는 것 같았다. 이 친구는 공무원 사회에서도 직장 동료에게도 별반 다를 것이 없는 듯하다. 물론 몸이 불편해서 저녁 시간에는 집에 들어가서 집에 있는 의료 기구로 물리적인 치료를 받아야 하기에 지인들과 어울릴 시간이 없어서 그런 탓도 있지만, 근본적으로 이 친구는 오랫동안 돈을 못 벌어봐서 돈을 쓸 기회조차 없었고 자연스럽게 돈을 관리하거나 쓰는 데는 익숙하지 못했다. 그러한 이유들이 후배의 인간관계를 더 어렵게 만든 이유가 아닌가 생각한다. 돈은 자본주의 사회에서 정말 필요한 존재이다. 정말 필요한 돈을 사용하는 방법을 모른다든지 혹은 돈에 관해 무지했다면 지금도 늦지 않았다. 돈에 관한 책을 사서보고 공부하고 익혀야 한다. 인간관계에서의 문제점은 돈에서부터 출발하는 경우가 허다하다. 돈은 많고 적고를 떠나서 그것을 잘 관리하고, 잘 보내주고, 또 돈 사용 설명서를 충분히 숙지해서 이 시대에 꼭 필요한 돈을 제대로 알고 관리하고, 불리고, 투자하는 방법을 익히기를 바란다. 그것이 바로 부자로 가는 첩경임은 두말하면 잔소리다.

06

부동산으로
돈 나오는 파이프라인
만드는 법

부동산으로 현금 흐름이 창출되는 파이프라인을 건설하는 방법에는 여러 가지가 존재한다. 흔히 은퇴하고 나서 5060 분들이 주로 투자하시는 수익형 부동산으로는 다가구 주택이 있다. 다가구 주택은 원룸형 주택으로 최근 1인 가구 증가로 인해 역세권이나 대학교 주변, 공장 주변으로 꾸준히 수요가 있는 대표적인 수익형 부동산이다. 다가구 주택은 건축 연한이 5년이 넘지 않은 것을 매수하기를 권한다. 다가구 주택은 건축 비용이 비싸고 5년이 넘으면 하자보수 등 손 가는 데가 자꾸 늘어가기 때문에 유지보수 수선비가 계속 투입이 된다. 그런 이유로 건물주가 다가구 주택 주인 세대에 거주하면서 세입자들의 요구사항을 잘 들어주고 소통하면 시간과 노력과 비용을 세이브 할 수 있다.

세입자들은 거주하면서 문제가 발생하면 혼자 힘으로 해결하려고 하지 않는 경향이 있다. 그래서 건물주가 상담하고 문제 해결을 해준다면 비용을 줄일 수 있고 세입자들도 편리한 점이 많다. 건물주가 살면서 이것저것 세입자들에게 여러 가지 잡다한 자원 재활용이라든지 음식물 처리라든지 공용전기 사용 시 유의점 등을 세입자에게 꾸준히 요구해야 한다. 그리고 다가구 주택은 최초 건설 당시 엘리베이터를 설치하는 것이 좋다. 세입자 중에 노인분들이나 다리가 불편하신 분들을 위한 일종의 배려 차원에서 엘리베이터가 있는 다가구는 임대가 잘되는 편이다. 건물 유지 관리 측면에서도 많은 좋은 효과가 있을 것이다.

1인 가구, 2인 가구가 전체 가구 수의 절반을 넘어서고 있다. 아파트의 가격은 너무 올라 있고 아파트 대체 상품인 우리가 흔히 알고 있는 빌라의 가격이 서울 지역의 역세권을 중심으로 많이 상승하고 있다. 단점은 아파트처럼 단지가 형성되어 있지 않아서 관리상의 문제가 있는 것은 사실이지만 아파트에 살지 못하는 서민들은 차선책으로 빌라를 선택할 수밖에 없다. 그렇지만 빌라 역시 노후 빌라는 누수되는 곳이 많고, 보일러 설비 등을 교체하거나 화장실 오수 정화 시설을 정비해야 하는 경우가 있음으로 10년 넘은 빌라를 매입할 때는 유지 수선비 등을 꼼꼼히 따져보고 사들여야 한다. 투자용 부동산으로는 최근 혼자 사는 1인 가구가 증가함에 따라 아파트나 빌라 등은 대형 평수와 비교해 관리도 쉽고, 비용도 저렴한 소형 평수의 매수를 권한다.

동네 편의점 사장님 K는 50대 초반의 남자로서 목이 좋은 편의점을 운영하고 계신다. 최근 최저임금 상승으로 인한 아르바이트하시는 분들의 시간당 임금이 많이 상승해서 경영상의 애로사항으로 인해 편의점을 접어야 하나 고민 중이지만, 그 나이에 어디 가서 월급 생활은 할 자신이 없어서 하던 일을 울며 겨자 먹기로 계속하고 있다고 하신다. 편의점에서 하루 14시간을 근무하는데 시간과 비교해서 소득이 높지 않은 게 사실이다. 게다가 편의점의 수입 전부가 점주가 가지고 가는 것이 아니라 본사라고 불리는 가맹점 모회사에서 일정 부분을 차감하고 점주에게 소득을 나눠주는 방식이 바로 편의점 사업이다.

지금 이분은 편의점 근처에서 아파트 24평을 월세로 임차하여 살고 있고 3식구가 사는 데는 불편한 점이 없다고 한다. 그런데 K의 아내이신 분이 경기도 이천에 살던 아파트를 처분하고 경기도 광주역 앞에 브랜드 아파트로 갈아타기도 하여 얼마간의 자본 이득을 보시고 지금은 성남 수정구에 재개발 예정지의 아파트를 구매하여 월세로 임대하고 있다.

물론 이 아파트의 미래 가치를 보고 투자하신 것 같다. 사모님의 부동산 투자 지식은 타의 추종을 불허할 정도의 전문가다운 식견을 갖추었다. 사장님은 편의점에서 아르바이트 비용을 제외하면 어떤 때는 아르바이트 점원보다도 가져가는 돈이 적을 때도 있다고 푸념을 늘어놓곤 하는데, "그렇지만 이렇게 부동산으로 소득이 나오는 파이프라인을 건설하였기에 얼마나 든든한지 모른다"고 하시며, 고생은 하지만 보람 있단다. 지금 투자한 아파트는 평생 현금 흐름이 나오는 부동산이지만 처분하면 자본 소득도 예상되는 일석이조의 황금알을 낳는 거위임에 틀림없다.

예금 금리가 연 0.89%로 0%대로 진입했다. 정기 예금과 정기 적금까지 동반 하락한 것이다. 1억 원을 은행에 넣더라도 이자 소득세를 빼면 연 75만 원에 불과하다. 이러한 초저금리시대를 잘만 이용한다면 나의 자본을 늘리는 데 절호의 찬스다. 코로나 사태의 장기화로 경제 전반이 활력을 잃어가고 있고 고용은 불안한 상황이다. 전례 없는 고용대책과 예산을 투입하여 고용 증대를 정부 중요 시책으로 밀어붙이지만 쉽지만은 않다. 이렇게 고용과 경제성장이 마이너스로 가고 있는 어려운 시기에 현금 흐름을 창출할 수만 있다면 얼마나 다행스러운 일인가,

제조장과 소매점은 좋은 투자처이다

필자가 중개 사무실을 운영 하는 경기도 광주는 공장, 창고 혹은 소매

점이 많은 곳이기도 하다. 고가의 공장, 창고도 많지만, 공장으로서의 기능보다는 창고의 기능을 하는 제1종 근린생활 시설인 소매점은 얼마든지 소액으로 개발해서 임대 소득이 발생하는 수익형 부동산으로는 안성맞춤인 대표적인 부동산이다. 그럼 제1종 근린생활시설인 소매점과 제2종 근린생활 시설인 제조업소와는 어떻게 다른지 살펴보도록 하자.

제1종 근린생활시설 – 소매점

제2종 근린생활시설 – 제조업소

제조업소	소매점
수리점 등 물품의 제조·가공·수리 등을 위한 시설로서 같은 건축물에 해당 용도로 쓰는 바닥면적의 합계가 500㎡ 미만이고, 다음 요건 중 어느 하나에 해당하는 것 (대기환경보전법),(물환경보전법),(소음,진동관리법)에 따른 배출시설의 설치 허가 또는 신고의 대상이 아닌 것 등	식품, 잡화, 의류, 완구, 서적, 건축자재, 의약품, 의료기기 등 일용품을 판매하는 소매점으로서 같은 건축물(하나의 대지에 두 동 이상의 건축물이 있는 경우에는 이를 같은 건축물로 본다.) 해당 용도로 쓰는 바닥면적의 합계가 1,000㎡ 미만인 것

위와 같이 정의되는 제조업소와 소매점은 우리가 흔히 투자 가능한 수익형 건물이다. 외관으로는 구분하기가 어려우며 통상 제조업소는 용도지역이 계획관리지역에서 건축 가능하며 소매점은 생산관리지역에서 허용된다. 농지법에서는 생산관리지역에서 개발행위면적을 제한하고 있다. 용도지역에 따라서 건폐율과 용적률이 차이가 나기 때문에 제조장이 소매점보다는 건폐율을 완화하여 지을 수 있다. 개발 시 전용 부담금 외에 1,652㎡ 이상 개발 시에는 개발부담금을 부담하여야 하며 건축비용은 3.3㎡당 200만 원 정도가 소요되고, 완공 후 임대료는 3.3㎡ 약 2만 원 정도 된다. 특별히 제조장이라고 해서 소매점보다는 임대 시에 임대료가 상대적으로 비싸지는 않으나 건축물 사용 용도에 따라서 차이가 나기도 한다.

부동산 투자 지금 해도 늦지 않다

07

고수의 말에
귀 기울여라

부동산 고수의 말에 귀를 기울인다면 당신이 경험하지 못한 많은 일들을 고수는 알려줄 것이다. 부동산은 종합응용과학이다. 과학은 보편적인 진리나 법칙을 발견하는 학문이지만 부동산학이란 능률화 원리와 그 응용기술을 개척하고 이로써 부동산 문제의 해결·개선에 대응하자는 의미에서 종합응용과학이라고 정의했다.

우리나라 부동산을 학문적으로 체계적으로 정립하신 분이 김영진 교수님이시고 이분의 직계 수제자이신 강남대학교 이창석 교수님과 우리나라 도시계획과 부동산개발 분야에 큰 족적을 남기신 서충원 교수님, 금융 분야의 김영곤 교수님 등 이러한 부동산 고수분들에게 가르침을 받은 필자는 정말 행운이었다. 업적을 일일이 다 열거하진 못하지만 지금도 학교에서 후학들을 길러내시고 그들이 우리나라의 부동산 산업 발전의 디딤돌이 되고 있다. 지금의 필자가 부동산으로 부를 축적하고 살아가는 원천도 이분들 덕택이다.

요즘 대세인 유튜버 중에 자기계발 혹은 부동산 재태크와 관련된 유튜버들의 약진이 눈에 띈다. 닉네임이 '단희쌤'으로 불리는 이의상 공인중개사님이시다. 과거 40대 초반에 하던 사업이 실패해서 큰 어려움을 겪었지만, 공인중개사로 일하면서 그전에 하시던 실패를 초석 삼아 지금은 더 큰 사업가로 거듭났다는 것이다. 사업 실패로 인생을 망치고 노숙자로 살아가는 사람이 얼마나 많은가. 그러나 거기서 주저앉지 않고 오뚝이처럼 일어날 수 있었던 것은 고수로 다시 태어나겠다는 의지와 열정이, 넘어진 그를 일으켜 세웠다.

세상은 똑같은 상황이 주어졌다고 하더라도 실패를 딛고 일어서는 사람과 영영 일어나지 못하고 사라져버리는 사람들로 나뉜다. 인생에서 실패할 수 있다. 그러나 고수들은 그런 실패를 되풀이하지 않는 것은 물론이거니와 더 큰 성공으로 가는 디딤돌로 삼는 것은 보통 사람에게는 볼 수 없는 내공이다. 그런 고수의 말을 잘 듣고 유익한 내용들을 내 것으로 만든다면, 당신은 만약 실패했더라도 고수들의 실패 경험을 나의 산지식으로 간접 체험해서 나의 놀라운 잠재의식이 실패와 반대의 방향으로 작동하기 시작할 것이다.

나는 초보 공인중개사 때에 부동산 관련 지식이 일천해서 고객들에게 최적화된 컨설팅을 제공하지 못했던 시절이 있었다. 그때 부동산 중개업을 오래하셨던 경험 많은 중개사와 동업을 했던 적이 있었는데 그분의 중개업 노하우를 자연스럽게 취득할 수 있었고 손님들과의 대화에서도 아무런 문제없이 컨설팅을 리드하게 되었다. 이렇듯 어떠한 업무나 영역에도 경험은 가장 큰 자산이라는 걸 알았고 공부와는 또 다른 실무 경험은 관련 지식과 아울러 자동차의 앞바퀴와 뒷바퀴라는 것을 알게 되었다.

중개사무소 인근 가난한 사람들이 모여 사는 곳에 부동산 사기로 살아가는 노부부가 살고 있었다. 주로 벼룩시장 등의 홍보를 통해 고객을 모집해서 전세 계약을 체결하고 경매로 집을 처분해버리는 등 일반인들이 부동산의 법적인 문제를 잘 알지 못하는 점을 악용하여 사기를 치고 나 몰라라 하는 파렴치한이었다. 피해자분들은 졸지에 하루아침에 길거리에 나 앉는 신세가 되었고 나중에 방송국에서도 나와 취재를 하고 한동

안 사회적 이슈가 된 적도 있었다. 나 역시 방송국 PD에게 관련 증언을 해준 적이 있었는데 중개사인 나에게는 참으로 안타까운 사건이었다.

간혹 손님 중에 우리가 컨설팅해주는 대로 하지 않으시고 본인의 고집대로 밀고 나가시는 분이 계시다. 그리고 얼마간의 시간이 지난 뒤에 오셔서 후회하시는 모습을 보면 참으로 안타깝다. 부동산이란 고가이며 비가역성이라는 특성이 있다는 것을 알고 잘못된 투자 뒤에는 항상 후유증이 동반된다. 시간은 돈이다. 잃어버린 시간을 돈으로 환산한다면 상당한 돈의 손해를 감수해야 한다. 주위에 있는 전문가들의 말에 귀를 기울여야 나의 재산을 제대로 지킬 수 있다는 것을 명심해야 한다.

고수의 촉은 보통 사람과 다르다

세상에는 많은 분야에서 고수들이 있다. 고수들은 범인들이 감히 그 내공의 깊이를 가늠할 수가 없다. 관련 지식의 저변과 아울러 삶의 해결책들은 바닥을 모르고 샘솟기 때문에 우리는 그 끝을 알 수가 없다. 흔히 고수들은 리더들이다. 리더의 덕목으로 삼성전자 권오현 회장님은 통찰력과 결단력, 실행력, 지속력을 모두 갖춘 리더가 진정한 리더라고 한 적이 있다. 또한 리더들은 업무 분야의 지식도 중요하지만 정말 중요한 것은 지혜라고 회장님은 말씀하신다. 지식은 시대에 따라 변하지만 지혜는 시대를 관통하기 때문에 지혜를 축적하는 사람이 진정한 리더라고 했다.

리더는 마음가짐을 역지사지 즉 상대편 처지에서 생각을 정리해보는 습관이 중요하다고 한다.

　미래를 예측하는 통찰력을 가지고 미래의 새로운 비전을 제시하는 리더가 최고의 리더가 될 것이며, 반대로 미래를 내다보는 예지력이 전혀 없어서 조직 전체를 위험한 상황에 빠뜨릴 수 있고 나아가 구성원 전체의 존망 자체를 불확실하게 만드는 리더가 최악의 리더일 것이다. "그러면 통찰력은 어떻게 해야 길러지는 것일까?"가 궁금하지 않을 수가 없다.

　나는 군대에서 잘못된 리더를 만나서 고생한 적이 있었다. 군대라는 특성상 잘못된 리더라고 한들, 그것을 얘기할 수도 없고 설령 얘기해도 고쳐질 리가 만무하다. 군대는 개인이 잘못해도 전체가 기합받고 책임지는 공동체적인 문화가 있다. 그 선임으로 인해 우리 조직 자체가 위협받는 일이 생기고 말았다. 이처럼 리더가 잘못된 판단과 행동을 하면 구성원들은 참으로 힘들어진다. 리더는 어떤 조직이 됐든지 리더의 자질을 갖추어야 한다. 그런 리더로서의 자질이 없다면 굳이 사양해야 한다. 자리에 연연하지 말고 다음 사람에게 비켜줘야 한다. 그래야 개인도 살고 조직도 산다. 군대 조직에서 심성이 잘못된 선임을 만나면 그 사람이 전역할 때까지 고생이다. 그런데 이상하게도 그렇게 싫었던 선임이 가고 나자 내가 그 선임 행실을 따라 하는 게 아닌가? 참 아이러니하게도 나쁜 학습 효과로써 싫어하던 짓을 배운 것이다. 며느리가 시어머니 욕하면서 배운 것이나 다름없다.

부동산의 고수가 되는 길은 하루아침에 이루어지지 않는다. 고수의 길은 절대 만만하지 않다. 부동산 관련 서적을 탐독하고 혹은 관심 분야의 빅데이터를 분석하고 대처 방안을 찾는 등 전문가로서의 공부를 게을리하지 않아야 고수가 될 수 있다. 독서를 통해서 부동산 고수가 될 수도 있지만, 꼭 부동산 관련 서적이 아니어도 상관없다. 부동산은 종합응용 과학이기에 어떠한 분야가 되든지 응용이 가능하기 때문이다.

나는 〈한책협〉에서 독서의 힘과 글쓰기의 힘에 관해 공부했다. 김태광 대표님을 만난 것은 많은 것을 깨닫는 계기가 되었다. 책을 쓴다는 것은 결코 쉬운 작업은 아니다. 우리가 안다는 것과 알고는 있지만 자기의 생각을 엮어서 한 권의 책으로 결과를 낸다는 것은 참으로 어렵다. 그 분야의 고수는 자기의 일을 무리 없이 해내는 것이라는 것을 김태광 대표님을 통해 알게 되었다.

부동산 통찰력을 키우려면 아무래도 많은 서적을 탐독하는 과정에서 자연스럽게 터득하는 사고력과 많은 전문가가 어떤 상황에서의 최적화된 결정을 하는 과정을 책을 통해 간접 체험하므로 인해 자신도 모르게 통찰력의 깊이가 심오해지고 넓어지기 마련이다. 필자도 역시 밤에 TV를 시청하지 않은 지 꽤 오래되었다. 그 시간에 주로 부동산 관련 서적이나 자기계발서를 중점적으로 읽는 편이다. 나 자신의 지식의 깊이를 잘 알기 때문이다. 부동산 전문가들은 불확실한 미래를 어떻게 예측 가능한 상황으로 만들 것인지 고민하고 있으며 특히 빅데이터를 이용하여 현상황을 분석하고 닥쳐올 위험에 대비하고자 노력하고 있다. 그렇지만 미래를 예측한다는 것은 정말 어려운 과정이다. 우리는 지금의 수도권에서 일어나고 있는 비이성적 부동산 시장 상황을 전혀 예상하지 못했고 그결과 많은 정책적 시행착오들이 나타나고 있다. 그 고통은 고스란히 서민들에게 전가되었고 미래 세대들에게 짐을 떠넘기고 마는 참담한 결과를 낳고 말았다.

아무리 고수라고 하더라도 독단적인 의사결정은 정말 위험하다. 더더구나 부동산 문제 같은 대중이 이용하는 보편적인 문제를 다루는 때에는 객관적인 자료와 빅데이터의 활용 그리고 전문가 그룹의 집단지성을 활용하여 효과적이고 합리적인 의사결정을 내리고, 그리고 거기에서 합의된 결론을 도출해야만 한다. 그래야 지금 상황과 같은 혼란을 되풀이하지 않게 되는 것이다. 이제 곧 도래할 4차 산업혁명의 시대를 살면서 부동산 관련 업황도 어떻게 변화할지에 대해서 많은 연구가 있어야 할 것이다. 현재의 직업 가운데 상당수가 사라질 위기에 직면해 있는 게 엄연한 현실이다. 부동산 관련업도 예외가 될 수가 없다. AI 시대를 살면서 대체 가능한 직업군에 부동산 관련업은 어떤 것들이 있는지를 예측하여 대비하여야 한다.

08

돈이 나를 위해
일하게 만들어라

우리는 어려서부터 열심히 공부해서 치열한 경쟁을 뚫고 좋은 대학에 가서 장학금 받고 공부하고 남자의 경우 휴학하고 군대 가서 군 복무 마치고 복학하고 또 외국어 연수를 1년하고 스펙을 쌓아서 좋은 직장, 흔히 말하는 대기업에 입사해서 열심히 근무하고 승진하고, 승진하면 연봉도 올라가니 직장인들은 목숨 걸고 승진에 매달린다. 공무원은 어떤가. 그들도 별반 다르지 않다. 승진을 인생 최대의 목표로 알고 달린다. 개인적으로는 명예도 있지만 결국 급여 인상에 대한 기대감 때문에 죽기 살기로 매달린다. 대기업에 취업해서 차장, 부장, 임원 될 때까지 열심히 일하고 앞만 보고 달려서 승진하고 꿈을 이루었다고 해도 진정한 경제적 자유인으로 사는 사람이 과연 얼마나 될까?

직장인들은 자기의 시간과 노력을 사용자에게 제공하고 그 대가로 급여를 받을 뿐이어서 결국 사용자만 경제적 자유인으로의 삶을 살아가고 사용자들은 자신이 소유한 돈으로 만들어놓은 시스템에서 자신이 일하지 않아도 시스템은 작동하여 자기 자신에게 또 다른 부를 안겨준다. 사용자에게 인생의 핸들을 맡긴 급여 생활자들은 사용자들이 만들어놓은 시스템 안에서 부속품으로 살아가다가 자기의 주체적인 삶을 리드하지 못한 채 그 시스템에서 버려지고 나면 주체적으로 살아가는 방법을 배운 적이 없기 때문에 초보 운전자가 되어 많은 시행착오를 겪고 우왕좌왕하다가 대부분이 그다지 큰 부를 맛보지 못하고 생을 마감하고 만다.

"무릇 있는 자는 받겠고 없는 자는 있는 것도 빼앗기리라(누가복음 19장 26절)"라는 말씀과 같이 부자는 더욱더 잠재의식 속에서 돈을 끌어당기고 무게가 약한 가난한 사람의 돈은 부자의 돈에 끌려가고 마는 것이 우주의 이치이다. 그래서 성공한 사람의 많은 돈은 가난한 많은 사람의 눈물과 자본을 먹고 부자가 되었다고 봐야 하기에 항상 그 돈이 겸손하게 쓰임을 받고 있는지 혹시라도 이롭지 않은 곳으로 흘러가는지 관찰해야 할 의무가 있다.

구약성경 말씀에 "부자는 가난한 자를 주관하고 빚진 자는 채주의 종이 되느니라(잠언 22장 7절)"라는 말씀과 같이 그 옛날이나 지금이나 사람 사는 원리는 변함이 없다. 부자가 되는 길은 결코 쉬운 길은 아니다. 반드시 위험과 희생이 따른다. 그 과정을 견뎌내는 소수만이 부자가 될 수 있지 아무나 부자가 되는 것은 아니다. 부자의 의식을 갖춘 사람만이 부자가 된다는 것이다. 그러한 위험과 역경을 이겨내고 난관을 극복한 부자들은 달콤한 보상으로 부를 향유하며 생을 즐기며 살 수 있는 특권을 가진다.

세계적인 투자자 짐 로저스는 한국은 더는 다이나믹(Dynamic)한 나라가 아니라고 한다. 전 세계에서 젊은 청년들이 공무원이 되겠다고 열성적인 나라는 한국이 유일하다고 하며 대개의 나라 청년들은 빌 게이츠가 되겠다거나 스타트업 기업을 창업하겠다는 것이 젊은 사람들의 생각이지만 한국은 유독 안정된 삶을 위해서 공무원이 되겠다고 하루 15시간을 도서관에서 보낸다고 하는데, "만약에 실리콘밸리에서 하루 15시간을 투자한다고 한다면 어떠한 사업 아이템이라도 반드시 성공하리라 확신한다"고 한다.

경제학 고전의 가르침

재테크의 영원한 고전, 로버트 기요사키의 불후의 명작 『부자 아빠 가난한 아빠』에서의 사분면을 짚고 넘어가자. 기요사키는 일본계 미국인으로서 생물학상의 아버지인 가난한 아빠는 박사 학위를 가졌지만, 사회적으로는 무능한 파워가 약한 아버지였고 반대로 친구의 아버지인 부자 아빠는 고등학교 중퇴의 학력이었지만 사회적으로는 친아버지와 비교가 되지 않을 정도의 영향력을 가지신 분이었다. 지금의 돈에 대한 개념 정립을 해주신 분은 바로 부자 아빠였다.

『부자 아빠 가난한 아빠』

2사분면에 있는 봉급생활자(Employee)와 3사분면의 자영업자와 전문직 (Self-Employed) 종사자들은 그들의 인생 결정권, 즉 인생 주도권을 그들

부동산 투자 지금 해도 늦지 않다

의 사용자에게 내어주고 결국 사용자와 운명 공동체로 살아가게 된다. 그리고 1사분면의 사업가들은 시스템을 갖고 있기에 전형적인 부자들이다. 우리가 흔히 말하는 금수저인 1사분면의 부모를 둔 게 아니면 4사분면의 투자자가 되어야 부자가 될 수 있다. 4사분면의 투자자들은 자신의 시간과 노력을 들이지 않고 자신들이 소유한 자본을 투입해서 부를 축적하고 있다. 우리는 4사분면의 투자자(Investor)를 주목해야 한다. 봉급생활자든 아니면 자영업자든 이 4사분면의 사람들은 자본을 축적하여 투자가가 되어야 한다. 그것이 주식이 됐건 부동산이건 상관없다. 적은 돈의 씨앗들을 뿌려 큰돈으로 만들 수 있는 구조를 구축하여 돈이 나를 위해 일해서 자본을 축적하는 4사분면의 투자가로 가야 한다.

부자들은 돈을 위해 일하지 않는다. 단지 일이 없으면 인생의 의미가 없어지거나 혹은 무료하기 때문이라고 믿는다. 그래서 부자들은 일을 만들어서 한다. 돈이 자신을 위해서 일하는 방법을 터득하지 못하면 돈을 많이 버는 사람들도 항상 돈 문제로 고민하고 금전에 시달리면서 고단한 삶을 살아간다.

손님 중에 P가 있다. 나이는 60대 중반의 남자분이다. 이분은 공무원 생활을 하시다가 명예퇴직하고 나와서 지금은 농사일로 소일하고 계신다. 그런데 이분은 중개사무소 근처에 사시면서 부동산 관련 일을 많이 하셨다. 공인중개사는 아니었고 중개 관련 일을 다년간 하시면서 익힌 노하우로 여러 가지 부동산 중개도 하시고, 본인이 직접 투자도 하셨다. 동네 유지에다가 정보 습득 능력이 남다르시고 동네 지리와 유지들을 많이 알고 계셔서 쉽게 부동산 관련 일들을 할 수가 있었다.

지금은 수십억 자산가로 살고 있고 공장에서 나오는 임대료만 해도 일천만 원이 넘는 임대료를 받고 있으며 토지 가격 상승으로 인한 자본 이득도 덤으로 보고 있다. 벌써 아들 명의로 공장을 증여하셔서 아들 내외에게 생활비도 도움을 주고 계시는 눈치다. 남은 노후는 밭일로 소일거리 삼아 경작하시고 건강하게 사시는 걸 보니 진정한 투자가의 삶을 살고 있다는 생각이 든다. 나이 들어서는 자본 소득이 없이는 일정한 수입을 만들어낸다는 것이 사실상 불가능하다. 자본이 적다면 그것에 맞추어서 작은 부동산에 투자하여 용돈 벌이라도 해야만이 노후 생활을 건강하고 자식들에게도 떳떳한 부모로서 살아가게 된다는 걸 보여주었던 사례이다.

돈이 나를 위해 일을 하면 본인의 노후도 걱정 없이 살지만, 아들에게도 얼마나 존경받는 아버지이며 대접받는 시아버지로 살겠는가? 부동산에 조금만 관심을 가지면 충분히 가능한 일이다. 100세 시대를 살아가자면 평균 9억의 노후 생활 자금이 소요된다고 한다. 빈곤하게 살아가기보다는 여유 있는 노후를 위해서라도 돈은 반드시 필요하다. 금전적, 정신적 여유는 사람의 의사결정에도 많은 영향을 끼친다. 여유가 없는 삶에서는 현명한 판단이 생길 수가 없다. 무언가에 쫓기듯이 살아가는 사람의 시야는 편협하기 마련이므로 여유로운 생활을 위해서 돈이 나를 위해 일하도록 만들고 편안한 노후 생활과 경제적 자유인으로 아름다운 삶을 마감하기를 바란다.

4장

상가, 공장,
창고 투자로 빠르게
부자 되는 비법

수익형 부동산이 대세다

수도권 아파트 가격 상승을 억제하기 위하여 가능한 할 수 있는 모든 방법을 동원하여 가격 억제 정책을 쓰고 있는 것이 현 정부의 부동산 대책이다. 특히 다주택자에 대한 각종 세금 규제는 다주택자들에게는 수도권 즉 규제지역에서는 아파트 사지 말라는 통보에 가까운 규제 정책을 내놓은 바 있다. 공급을 늘려야 하는 현 상황에서 각종 규제는 아파트를 팔기는커녕 더욱더 똘똘한 한 채에 집착하게 만드는 수요 초과 현상을 낳고 말았다. 이러한 정책들로 인해 당분간 수도권 아파트 투자보다는 수익형 부동산에 눈을 돌리게 되는 이유가 된다. 최근에 나온 서울시 건축물 용적률의 완화는 늦은 감이 있지만 긴 가뭄에 단비 같은 소식이다.

그렇다면 현재 다주택자의 세금 상황을 짚고 넘어가야 할 부분이 있다. 2020.7.10. 대책으로 다주택자와 단기 보유자에 대한 취득세와 종부세, 그리고 양도소득세의 대폭 인상으로 인하여 아파트 부동산 투자는 사실상 어렵게 된 게 사실이다. 그렇다고 대출이자 꼬박꼬박 물어야 하는 토지에 당신의 귀중한 돈을 묶어둘 것인가? 이런 이유로 대출이자를 매월 다른 사람이 나 대신 은행에 대납해주는 수익형 부동산에 투자해야 안전한 자산 투자가 된다. 또한, 비싼 아파트를 깔고 앉아 있기보다는 수익형 부동산으로 갈아타서 은퇴 후 매월 꼬박꼬박 나오는 임대료는 정말 환상적이다.

수익형 부동산에서 상가는 비교적 쉽게 접근하기 좋은 점이 있지만, 코로나 이후 사회 분위기는 인터넷 쇼핑을 통한 구매와 모바일을 통한 구매 등이 활성화되어 상가를 찾는 구매자는 점점 줄어들고 있다. 이러한 이유로 비어 있는 상가들이 외곽지에서는 빈번하게 목격되고 있다.

지인 B 씨는 50대 중반의 남자로서 작은 면 단위 지역 2차선 도로변에 부친으로부터 증여받은 자투리땅 약 200여 평에 무엇을 건축할까 고민하다가 본 공인중개사가 만류했는데도 불구하고 결국 1종 근생 소매점(상가)을 지어서 편안한 노후를 위해 대출을 받아 건축했지만, 분양이 되지 않아 건축비랑 세금(농지전용부담금, 취·등록세) 부담에 하소연하고 있다. 약

1년이 지난 지금도 공실로 남아 있는 것을 보면 정말 건축할 때에는 건물의 용도를 전문가들과 상의하고 심사숙고해야 한다.

수익형 부동산 중에 오피스텔이 있다. 7 · 10 대책 이후 수도권 조정대상지역 아파트 취득세는 8%, 12%로 다주택자에게는 많이 상향됐지만, 오피스텔은 4.6%로 안정돼 있어서 은퇴자들을 중심으로 주목받는 수익형 건축물의 다크호스로 떠오르고 있다. 건축물 대장상 용도에 의하면 오피스텔은 주거용과 업무용으로 나뉜다. 개정된 부동산법에 의하면 "보유주택 수"에 주거용 오피스텔, 분양권, 재개발/재건축 입주권도 합산 대상이다. 주거용 오피스텔의 경우는 주택 임대사업자로 등록을 해야 하고 업무용 오피스텔의 경우는 일반 임대사업자로 등록을 해야 한다. 주택 임대사업자는 구청 주택과에서 등록 업무를 하고 업무용 오피스텔의 경우 관할 세무서에서 등록 업무를 주관한다. 주거용은 건물분 부가세를 환급받지 못하고 업무용은 건물분 부가세 10%를 환급받을 수 있다. 현재 수도권 조정대상지역에 1주택이 있는 사람은 주거용 오피스텔을 분양받을 경우 1가구 2주택이 되어 만약 2채 중 가격 상승이 많은 주택이나 주거용 오피스텔을 양도하는 경우 세금 폭탄을 맞을 수 있다는 점을 간과해서는 안 된다.

지인의 아들 D는 30대 초반 남자로서 업무용 오피스텔을 주거용으로 사용하여 오다가 업무시간 이외 시간에 수돗물 및 전기 사용 등을 하는 가 하면 심야 시간에도 전화를 사용하는 등 이를 수상히 여긴 세무 당국이 실질사용 여부를 추궁한 바 주택으로 사용한다는 것을 알았다. 세무 당국에서는 대장상 용도보다는 실질적인 사용 용도에 따라 세금을 적용하므로 이를 유의하여야 한다. 지인의 아들 D는 결국 헐값으로 최초 분양 가격대에 서둘러 오피스텔을 정리할 수밖에 없었다.

  그래서 아무런 생각 없이 오피스텔을 주거용이 아니라고 생각하고 1가구 1주택에 해당하여 비과세 혜택이 되는 줄 착각하고 오피스텔을 그대로 둔 채 아파트를 매각했다가 낭패를 당하는 경우를 종종 본다. 그럼 우리가 오피스텔에 투자하게 되면 전용률 정도는 짚고 넘어가야 할 부분이다. 오피스텔은 전용률에서 아파트보다 낮은 게 사실이다. 전용률이 아파트는 70% 정도인 데 비해 오피스텔은 50% 정도이다. 그것은 업무시설 위주의 오피스텔 특성상 공용공간이 많기 때문이다. 전용면적의 비율이 높은 오피스텔을 선택하는 것이 상대적으로 좋은 오피스텔 고르는 방법의 하나이다.

ex) 분양면적 100㎡	
아파트: 전용면적 70 + 주거 공용면적 30	전용률 70%
오피스텔: 전용면적 50+주거 공용면적 30+기타 공용면적 20	전용률 50%

전용률이 높다는 것은 실제 사용하는 면적이 넓다는 의미이다.

공급면적(아파트)	계약면적(오피스텔)
주거 공용면적 30	기타 공용면적 20
전용면적 70	주거 공용면적 30
	전용면적 50

- 전용면적 : 방, 주방, 거실 등 실제 사용 면적
- 주거 공용면적 : 복도, 계단, 엘리베이터 등
- 기타 공용면적 : 관리사무소, 주차장, 노인정

흔히 아파트에 있는 발코니는 서비스 면적에 포함되기에 말 그대로 어디에도 포함되지 않는 서비스 면적이다. 최근에는 발코니 확장 옵션을 통해 넓은 공간을 사용하는 것이 요즘 아파트 트렌드이며. 모델 하우스에도 넓은 발코니 확장형이 많이 나오는 추세다.

주거용과 업무용 오피스텔

세무 당국에서는 비록 건축물대장에는 업무용 오피스텔이라고 하더라도 실제 사용하는 용도를 기준으로 판단하기 때문에 퇴근 시간 이후에 수돗물 사용량이라든지 전기 사용량을 체크하고, 심야 시간에 전화 사용 등을 토대로 주거용 오피스텔로 간주하고 세금을 산출하는 경우가 있음으로 주의를 요한다. 다음은 우리가 흔히 말하는 상가 주택을 매수하려고 하는 사람들도 간혹 만난다. 1층은 상가로 임대를 하고 2층은 원·투룸으로 임대를 하려고 하는 손님들을 보는데 그런 입지는 비교적 상가로서 기본인 대로변에 입지해야 하는 까닭에 지가가 상당히 높기 때문에 초기 비용이 만만치 않다. 그래서 투자 비용 대비 상가 수익률을 따져봐야 할 것이다. 부동산은 너무 많은 초기 비용을 투자하다 보면 손익분기점이 길어지는 단점이 있다는 걸 명심해야 한다.

그리고 지금은 원·투룸 건축 시 가구당 주차면적 1대를 확보해야 하기에 주차장 면적을 건축전에 확보해야 한다. 그리고 원·투룸 다가구 주택은 공실이 없어야 하므로 지역 분석을 통해서 이 지역이 향후 공실이 없을지 꼼꼼히 따져봐야 하고 특히 주변에 대학가나 학원가 혹은 공장이나 창고 등이 많다면 기숙사 용도로 사용하는 다가구 주택이 많을 것이므로 공실 위험은 현저히 줄어든다. 특히 다가구 주택은 건축 연한이 10년 이내인 것을 사는 것이 좋다. 건물이 5년을 경과하면 차량과 마찬가지로 시설 보완 작업이 항상 뒤따른다는 것을 명심해야 한다. 사무소 인근에서 다가구 주택을 임대 중인 Y 사장님은 50대 중반의 남자 사장님으로 다가구 주택을 여러 채 임대 중이며 건축업을 하고 있고 직접 수리 및 개축 등을 하면서 유지 비용을 최소화하고 연수가 오래된 건물을 싸게 매수해서 직접 내부 리모델링을 거쳐 월세를 놓는 임대인이다. 이런 사장님은 초기 비용 대비 상당히 좋은 가성비를 연출하는 전형적인 알짜 임대인이다. 인건비가 비싸기에 사장님이 직접 작업을 하고 워낙 손재주가 좋아서 건축 분야에서는 어떤 기술자보다도 유능한 기술력을 겸비하고 있다. 건축물은 시간이 지나면 내구성이 떨어지고 감가상각이 되므로 건축물은 자동차처럼 유지 비용이 지속해서 들어가기 때문에 임대인이 직접 건축물 수선 등을 할 수 있다면 금상첨화다. Y 사장님은 건축 면허를 가지고 직접 시공도 하면서 본인의 건물을 수리도 하고 임대를 하기에 모든 조건을 완벽하게 갖춘 임대인이다.

평소 잘 알고 지내는 M과 L 씨는 60대 초반 부부로서 자녀를 출가시키고 두 분이 식당을 운영하시다가 갑자기 사모님이 암을 앓게 되었다. 결국 하시던 식당을 부랴부랴 접고 멀리 시골로 내려가기 위해 준비 중에 매달 수입이 발생하는 다가구 주택 매수를 알아보던 중 우리 중개사무소에 오셔서 사무소 인근에 신축 다가구 주택을 비교적 싼 가격에 매수를 해드렸다. 시세 대비 저렴한 다가구 주택이고 공실 위험이 없는 지역이라 별걱정 없이 운영해오던 중 가끔 진상 임차인을 만나면 곤욕을 치르곤 한다. 한밤중에 술에 취해 도어락 비밀번호를 잊어버렸다고 전화가 오고, 싱크대가 막혔다고 새벽에 전화 오고, 방충망이 뜯겨서 모기가 들어온다고 한밤중에 전화가 온다. 그럴 때마다 달려가야 하는 어처구니없는 일을 당하시고는 세상에 공짜가 없다는 말씀을 하시면서 사모님이 아시면 스트레스 받으실까 봐 남자 사장님이 주로 해결한다고 하신다. 이러한 애로사항은 부동산 사무소도 마찬가지다. 이러한 손님의 전화가 오면 정말 난감하다. 급하게 방문을 해서 애로사항을 들어보면 그다지 심각한 상황이 아닌 경우가 다반사여서 일부러 시간을 내서 갔는데 허탈하게 돌아오는 경우가 많다. 아무래도 다가구 주택에는 여러 가구가 모여서 살다 보니 온갖 유형의 사람들이 섞여서 말도 많고 탈도 많은 경우가 가끔 있다.

부동산 투자 지금 해도 늦지 않다

수익형 부동산
상가분석 매뉴얼

상가하면 무엇이 떠오르는가?

상가하면 권리금, 입지, 임대료 등이 떠오르는가? 보통 주거용에 비해서 높은 임대료를 받을 수는 있다. 그렇지만 공실이라면 세금과 관리비, 매입융자금의 이자는 오로지 임대인 몫이 된다. 이러한 리스크(Risk)를 안고 상가를 골라야 하기에 매입 시 충분한 사전 공부와 상가를 고를 줄 아는 탁월한 안목과 판단력이 요구된다. 상가든 공장이든 토지든 어떠한 부동산에 투자하든 대원칙은 시세보다 저렴하게 매입해야 한다는 것이다. 매입 시 미래 시세를 지불하게 되면 그만큼 시간을 기다려야 하고 그 시세에 도달하기까지 비용이 추가로 투입된다. 시간은 돈이다. 그러나 투자자가 그 물건이 워낙 희소가치가 있고 미래 비용을 지불하고라도 매입하고 싶다면 얘기가 달라진다. 당연히 상가는 상권이나 상가의 입지가 좋으면 시세보다 싸지 않고 흔히 말하는 권리금도 비싸다. 그리고 급매로 길거리에나 뒹구는 상가 급매 홍보 전단을 가끔 본다. 고수익을 올릴 수 있는 급매물임을 고지하며 손님을 유혹한다. 그렇게 싸고 좋은 물건이면 사돈의 팔촌에게 팔 것이지 왜 전봇대에 홍보물을 걸고 난리를 칠까를 생각해봐야 한다. 그 상가 주변이 새로운 개발로 인해 상가 지형이 변한다든지 하는 구조적인 이유 때문일 수도 있다. 그래서 상가를 매수하기 전 주변 상권에 대한 철저한 흐름 연구가 필수적이다.

중개사무소 인근에 사시는 L은 60대 남자로서 시골 상가에서 오랫동안 식료품 도매와 각종 생활용품 및 담배 가게를 운영하고 있었다. 그래서 알뜰살뜰하게 돈을 모아서 지금의 상가를 시세보다 조금 싸게 매수를 했다. 자기가 직접 운영하고 있었던 가게이기도 했고 임대인이 너무 고령이라서 가지고 있는 부동산을 정리하려는 시기에 임차인 L이 임대인에게 월세도 밀리지도 않았던 탓에 시세보다 저렴하게 매수할 수 있었다. 그렇게 좋아하던 것도 잠시 주변에 대형 식재료 마트가 입점하였고 더는 L의 가게는 입지 좋은 상가가 아니었다. 매출이 눈에 띄게 줄었고 사업을 접을까 하고 생각했지만, 상가를 덜컥 매수한 뒤라 고민이 이만

저만이 아니다. 지금 상가에 투자한다는 것은 어려운 선택이다. 경기가 좋지 않은 탓도 있지만, 상가는 앞으로도 점점 인기 없는 부동산이 될 가능성이 크다. 인터넷 구매와 모바일 구매로 인해 점점 상가는 설 자리를 잃어가고 있다.

이처럼 주변 상권의 변화 흐름을 읽지 못하면 낭패를 당하는 경우가 간혹 있다. 상가는 결코 간단한 부동산 투자 종목이 아니다. 초보자라면 당연히 상가 투자를 권하지 못한다. 상가의 입지 분석은 어렵다. 요즘은 서울 같은 골든 입지에도 공실이 간혹 있는 것을 목격한다. 보통 부동산에 대해 사전 지식이 없는 은퇴자들이 막연하게 노후 대비 차원의 상가 투자를 선호하는데, 신중히 처리할 필요가 있다.

다음은 상가 입지에서 빼놓을 수 없는 유효 수요에 대해서 알아보기로 하자. 유효 수요란 구매력이 있는 수요란 의미이다. 해당 입지 상가에서 상품을 계속해서 주기적으로 구매해줄 구매자를 정확한 숫자로 계량화한 유효 수요의 동선은 상가 입지에서 가장 중요한 키포인트다. 단지 내 상가로는 아파트 같은 경우는 450~500세대가 있을 때 유효 수요라고 본다. 일단 단지 내 상가는 단지 유효 수요를 깔고 앉기 때문에 매출이 안정적이지만 거꾸로 입주민들이 주 수요층이기에 더 이상의 매출 상승도 제한적이어서 양날의 칼이다.

단지 내로 들어가는 진입로와 메인 도로가 만나는 건널목 상가는 좋은 입지이다

근린 상가는 우리가 흔히 알고 있는 일반 상가를 의미한다. 일상생활을 영위하면서 우리의 생활과 밀접한 업종들이 산재해 있는 상가를 의미한다. 보통 우리가 흔히 이용하는 상가들이다. 세탁소, 이 · 미용실 카페등 이러한 근린상가들은 배후 세대가 1000세대 이상이 있을 때 안정적으로 매출이 일어나며 이러한 배후 세대 유효 수요들의 주 동선상에 상가가 입점해 있느냐가 관건이다.

항상 탈도 많고 말도 많은 건 권리금이다. 기존 임차인과 새로운 임차인과의 분쟁 혹은 기존 임대인과 임차인과의 분쟁도 거의 권리금에서 시작된다. 그리고 상가는 주택과 달리 그 공간에서 수익을 내야만 한다. 주택은 저렴한 곳이면 다소 생활하는 데 불편하더라도 감수하고 입주하지만, 상가는 수익을 내지 않는다면 보증금과 월세가 혹은 권리금이 싸다고 들어오지는 않는다는 것이다. 싼 것이 비지떡일 수 있기 때문이다.

상가 권리금은 항상 수익형 부동산 논란의 중심에 있었다. 2015년 상가건물 임대차보호법 개정으로 권리금도 법으로부터 보호받고 있다. 개정 내용은 임대인이 고의로 권리금 회수를 방해했다고 판단되면 손해액을 배상하도록 했다. 과거처럼 계약 기간이 끝났다고 임차인을 내보내고 같은 자리에서 영업하면 권리금을 배상해야 한다는 의미이다. 과거 5년이었던 임대차계약 보장 기간도 10년으로 늘었고 더군다나 최근 대법원 판결은 10년의 임대차계약 기간이 종료하더라도 임차인의 권리금 회수를 보호해야 한다고 판결한 바 있다.

다음은 권리금의 종류에 대해서 나열해 보았다.

바닥권리금	영업권리금	시설권리금
상가의 지역적 위치와 영업상의 이점 등에 대한 대가로 받는 지역 권리금의 일종으로 공실인 경우 건물주가 보증금과 월세 외에 관행적으로 새로운 임차인에게 요구하는 돈으로 일종의 사릿세라고 보면 된다.	장래의 수익을 예상할 수 있는 경영상의 노하우를 의미하는 것으로서 거래처, 신용, 인지도 등 주로 무형의 재산적 가치를 양도 또는 일정 기간 이용하는 대가를 의미한다. 신규 임차인 이 금액을 지불하고 기존 임차인에게서 인수함.	상가 내에 있는 비품이나 시설 등의 유형물 양도를 의미한다. 신규 임차인이 기존 임차인이 사용하던 모든 비품을 인수하는 것.

※ 우리가 흔히 입점 시 기존 세입자가 달라는 대로 절대 권리금을 무턱대고 다 주어서는 안 되고 현재의 순이익을 계산해보고 적정한 권리금을 협상해야 한다. 사실 5년 이상 된 시설이나 비품은 그 가치가 없다고 보아도 무방하다. 그러니 기존 시설이나 비품을 인수하지 않고 비품을 내가 직접 준비할 때 들어가는 비용과 인수 시에 비용을 여러모로 연구해서 인수할지 말지를 결정하고 인수한다면 인수 비용을 협상해야 한다. 바닥권리금은 주변 임대 시세를 보고 적절하게 협상해야 하지만 터무니없는 가격을 요구할 때는 원점에서 다시 숙고해야 한다.

상가 투자에서 중요한 점검 사항

상가는 대체로 건축물대장상의 용도를 잘 살펴보고 내가 입점할 용도로 사용 가능한지 아닌지를 해당 지자체에 가서 허가 주무관에게 꼭 의뢰해서 가부를 문의해야 한다. 필요하다면 사전심의 신청을 해서 사전심사 받아 보는 것이 좋다. 특히 식당이나 카페 등 물을 사용하는 업종이라면 상가의 바닥 면적이 일정 기준 면적을 초과하면 하수 사용량에 따른 원인자부담금을 많게는 수천만 원을 부담해야 하며 이것을 임차인이 부담할 것인지 아니면 건물주가 부담할 것인지 혹은 반반씩 부담할 것인지를 계약서에 꼭 명시해서 나중에 분쟁의 씨앗이 되지 않도록 해야 한다. 이러한 원인자부담금은 신규 상가 임대 시 반드시 확인해야 할 절차이다.

그리고 권리금 계약서는 반드시 작성하는 것이 좋다. 권리금의 대가로 임차인이 받는 이익의 범위 등을 기재하기에 나중에 분쟁 시 반박의 근거 자료로 유용하다. 상가 매매 계약 시 특약 사항에 건물분 부가세는 별도라는 문구를 꼭 넣어야 한다. 건물분 부가세는 매도인이 매수인에게서 받아서 과세 당국에 신고하고 납부하고 매수인은 나중에 환급받으면 된다. 그런데 이걸 포괄양수도 할 경우는 매수인이 매도인의 권리와 의무 사업 형태를 그대로 인수하는 것이어서 매수인이 굳이 부가세를 다시 낼 필요는 없는데 상가나 공장 매입 시는 이러한 부가세 문제를 반드시 특약 사항에 넣고 짚고 넘어가야 한다.

분양 상가는 태생부터 대로를 끼고 분양을 해야 하므로 지역적인 입지에서 택지와는 다르게 토지 평당가가 비싸다. 평당 분양가가 높고 분양 상가의 특성이 단 한 번도 상가 오픈을 한 적이 없는 시뮬레이션 데이터가 없다는 점이 투자의 불확실성을 높이는 이유다. 분양 사무실에서 내세우는 홍보 전단을 보면 정말 귀가 솔깃할 정도이다.

"투자금 2억으로 월수입 200만 원 보장. 수익률 12% 무조건 보장"

이런 문구를 본다면 부동산에 관심 없었던 사람도 가던 발걸음을 한 번쯤은 멈추고 분양 사무실 앞을 유심히 쳐다보면서 기웃거릴 것이다.

자기가 살던 지역이 아니면 그곳에서 장사가 잘되는지 알 길이 막막하고 상가에 대해서 아무런 사전지식도 없이 무턱대고 이런 터무니없는 광고 문구에 현혹되어 '묻지마 투자'를 한다면 그 상가는 분명히 머지않아 애물단지가 될 것이다. 분양 사무실 직원의 말을 액면 그대로 받아들이지 말고 그 지역에 밝은 전문가들에게 조언을 듣고 최소한 상가에 대한 전문 지식을 가지고 신중하게 접근해야 한다.

후배 와이프 K는 40대 중반으로서 맞벌이로 목돈을 어렵사리 만들어 평택 지역에 대규모 산업단지 개발과 미군 부대 이전 등 개발 호재만 믿고 가지고 있던 적금 부어 만든 목돈과 대출을 받아 남편 몰래 분양 상가를 계약했다. 분양 사무실 말만 철석같이 믿고 분양 상가 1층은 너무 분양가가 고액이라 2층 코너를 계약하고 친정에서 얼마간의 돈을 융통하여 잔금을 치르고 매월 월세 받는 달콤한 꿈에 부풀어 월세 임대를 주위 부동산에 의뢰했지만 1년이 넘었는데도 불구하고 공실이라 대출이자에 융통한 돈을 갚느라 결국은 남편에게 털어놓고 뒷수습 중이지만 해결될 기미가 보이지 않고 부부간의 신뢰에 금이 간 상태로 돈 문제로 언성이 높아지는 일이 잦아지는 어처구니없는 결과를 낳고 말았다.

부동산은 결코 한두 푼 하는 재화가 아니기에 신중히 결정해야 한다. 부부가 부동산 사무소에 오시는 경우는 남자분이 좋다고 해도 결국은 부인이 최종 OK 해야 성사되는 경우가 많다. 부동산 매입으로 인해 이혼하는 때도 있는데 결국은 돈 때문이다. 갈등의 골이 깊어지기 전에 소통으로 대화로 어느 정도 타협점을 찾고 실행에 옮겨야겠다. 이처럼 광고지 수준의 홍보 전단을 보고 무턱대고 '묻지마 투자'를 한다면 자신의 소중한 재산이 한순간에 공중에 흩어지고 만다는 것을 위의 사례에서 증명하고 있는 바 우리는 이러한 경우를 타산지석으로 삼아 충분한 사전 공부와 전문가들의 의견을 수렴한 후에 상가를 매입할 것을 권한다.

수익형 부동산 끝판왕
월세 나오는 공장에
투자하라

수익형 부동산의 꽃은 바로 공장, 창고이다. 우리가 흔히 공장, 창고는 사전 지식이 많이 필요하고 또한 가격도 너무 비싸서 서민이 접근하기에는 진입 장벽이 높다는 선입견이 존재하는 것이 사실이다. 항상 투자는 남녀노소, 선남선녀 우르르 몰려가서 문전성시를 이루는 투자는 절대 하면 안 된다. 벌써 끝물 장이 되기 쉽기 때문이다. 대부분 사람이 알지 못하고 투자하지 않는 '블루오션(Blue Ocean)'을 찾아야 한다. 강남 지역에 대한 접근성이 좋은 경기도 남부권 광주, 용인, 이천 등이 공장, 창고 투자처로 주목받으며 좋은 투자처로 떠오르고 있다. 이곳은 최근 접근성이 상당히 개선되었기 때문인데 성남, 장호원 간 고속국도와 제2외곽순환 도로 건설로 인해 서울로의 접근성이 획기적으로 개선되었다. 또한 수도권 택지개발의 일환인 제3기 신도시 개발로 인해 하남 지역이나 남양주 지역에 산재해 있던 공장들이 수용되고 또 다른 터전을 찾아 옮기는 과정에서 더욱더 공장, 창고 수요가 늘었기 때문이다. 많은 기업이 주식이나 채권보다도 수익률이 좋은 부동산으로 눈을 돌렸고 부동산 투자는 안정적으로 고수익을 보장받는 실물 자산 투자처인데 우선순위로 따지자면 빌딩 다음으로 인기가 좋은 투자처는 창고였다고 고백한 바 있다.

우리가 흔히 알고 있는 창고 투자는 금액이나 건축 공사 과정에서 심의 등 일반인이 접근하기에는 어려운 점이 있는 게 사실이다. 하지만 공장과 제조장은 서민들이 얼마든지 투자 가능한 수익형 부동산이다. 일단 공장은 토지가 많이 소요되는 건축물이다. 공장은 최소한 깔고 앉아 있는 토지가 500평 이상이어야 한다는 점이다. 그래서 토지 자체는 사업용 토지가 되는 것이고 이 토지는 해가 갈수록 상승하고 있다. 다른 부동산에 비해 토지 보유 비율이 높다는 장점이 있다. 우리나라의 국토 면적은 한정돼 있고 수도권 택지 면적은 갈수록 늘어나는 추세이다 보니 상대적으로 수도권 산업용 토지가 점점 수도권 도심 외곽으로 밀려나고 있지만 대체 토지의 희소성으로 인해 기존의 산업용 토지 가격은 상승하는 것이다.

소득에는 근로소득과 자본소득이 있는데 대표적인 자본소득이 바로 공장 임대이다. 근로 소득은 자기의 노력과 시간을 쏟아부어 헌신한 대가를 돈으로 받는 것이지만 자본소득은 나의 돈이 나 대신 일을 하는 것이다. 이 자본은 나 대신 아주 열심히 일하고 공휴일도 명절도 쉬지 않고 나를 위해서 일하며 내가 공장을 사들이면서 지렛대로 삼았던 융자금을 내가 아닌 나의 공장 임차인이 은행에 대납해준다. 그 차액은 나의 통장으로 어김없이 들어오며 이 공장은 해마다 일정액의 토지 상승분으로 미래 보상까지 해주려 하고 있다. 이것이 바로 시세 차익이다. 이러한 시세 차익도 올리면서 꼬박꼬박 임대 수입까지 발생하는 공장 투자야말로 우리가 그토록 애타게 찾던 블루오션이다. 이러한 공장 창고에 대해서 무지하기에 섣불리 투자하지 못하는 것이다. 작게는 2~3억만 있으면 투자 가능한 수도권의 공장 및 제조장 혹은 소매점은 얼마든지 있다.

공장은 투자 금액이 다른 부동산보다 월등하게 비싸지도 않고 주택처럼 수리해주거나 건물 관리에 신경을 쓰지 않아도 임차인이 대부분 알아서 한다. 비가 샌다거나 혹은 벽면 패널 등에 심각하게 문제가 발생하여 건물 본연의 기능을 수행하지 못하는 경우를 제외하고는 임대인이 관여하는 경우는 극히 드물다. 가설 등을 설치하는 때에도 임대인은 동의서만 써주면 임차인이 알아서 한다.

공장 투자의 고수

고객 중에 M 여사가 있다. 여사님은 50대 후반인데 젊은 시절 아주 독하게 종잣돈을 모았다고 한다. 아기가 아파서 울어도 웬만해서는 병원에 가지 않고 돈을 모았다고 한다. 페트병에 500원 주화를 모아서 가득 모으면 통장에 갖다 넣고 또 모으고 해서 나중에 페트병이 200여 개가 될 때까지 동전을 모았다고 한다. 이렇게 해서 모은 돈으로 경매로 혹은 급매로 나온 공장 등을 싼 가격으로 사서 되파는 것으로 지금은 직접 공장을 개발하고 매매하는 일을 하고 있는데 아주 꼼꼼하게 공장을 지어서 팔기 때문에 매수자들로부터 호평이 나 있는 분이다. 직접 당신의 공장을 임대 사업과 동시에 개발 사업도 성실하고 책임감 있게 일하기에 많은 부를 축적한 것으로 알고 있다. 우리가 알고 있는 공장과 제조장을 모두 공장으로 통칭하고 있지만 그 차이는 다음과 같다.

구분	산업집적활성화 및 공장설립에 관한 법률	수도권정비계획법
공장	산집법상 공장이란 건축물 또는 공작물, 물품 제조공정을 형성하는 기계·장치 등 제조시설과 그 부대시설을 갖추고 대통령령으로 정하는 것을 말한다. 대통령령으로 정하는 제조업이란 아이템, 즉 제조 품목을 말하는 것으로, 통계청장이 고시하는 표준산업분류에 제조업을 말한다.	산업집적활성화 및 공장설립에 관한 법률 제2조 제1호에 따른 공장으로서 건축물의 연면적이 500㎡ 이상인 것. ('수도권정비계획법'상 인구밀집시설로 규제를 받는 공장)

	건축법
제조장	건축물 용도의 한 종류이며 같은 건축물에 해당 용도로 쓰는 바닥 면적의 합계가 500㎡ 미만일 것.
	물품의 제조 · 가공 수리에 계속해서 이용되는 건축물일 것.
	대기환경보전법, 수질 및 수생태계 보전에 관한 법률 또는 소음 · 진동 관리법에 따른 배출시설의 설치허가 또는 신고의 대상이 아닌 것 혹은 같은 법에 따른 설치허가 또는 신고 대상 시설이지만 귀금속 · 장신구 및 관련 제품 제조시설로서 발생 되는 폐수를 전량 위탁 처리하는 것을 말함.

흔히 공장은 사업하시는 사장님들이 사업을 하는 영업장으로만 알고 있었고, 우리 보통 사람들과는 상관없는 부동산으로써 그 부동산을 우리가 매수하여 임대하는 것이라고는 생각하지도 않았을 것이다. 그렇지만 많은 사업가가 공장을 임대하여 사업을 하고 있다. 공장이 임대 수익용 부동산으로 급부상하고 있는 이유는 공장은 한번 임대되면 임차인이 공장을 매수해서 나가지 않는 한 이동을 잘하지 않는다는 점 때문이다. 이유는 공장 이전에 드는 비용이 너무 크기 때문이며 기계 설비를 전부 옮겨야 하고 가설 및 부대시설을 다시 설치하려고 해도 만만치 않은 수고와 노력, 비용이 들기 때문이다.

수도권 공장 총량제로 인해 공장 신축이 까다롭고 각종 인허가를 득하는 데도 시간이 많이 소요된다. 우리가 알고 있는 공장은 위의 표와 같이 산집법과 수정법의 규제를 받고 있다. 하지만 소규모 공장의 일종인 제조장은 공장의 한 유형이지만 수정법과 산집법의 규제를 받지 않고 다만 건축법상 정의에 의한다. 외관상으로는 거의 흡사하기에 규모로 구별하는 경우가 대부분이지만 소형 공장도 있는 바 절대적이지는 않다.

공장과 제조장의 차이점은 무엇인지 앞에서 소개한 바와 같다. 즉 오염을 일으키는 폐수라든지 소음·진동을 유발하지 말아야 하며 또한 작업 과정에서 배출되는 오염물질을 수집제거 가능한 시설(집진)을 설치하는 업종은 제조장이 아닌 공장으로 입지해야 한다는 것이다. 그렇다면 건축법에 따라서 제2종 근린생활시설이며 동시에 제조시설과 그 부대시설을 갖추고 제조업을 영위하기 위한 사업장으로서 대통령이 정하는 것 (제조업을 영위함에 필요한 제조시설 및 시험생산시설, 제조업을 영위하면서 그 제조시설의 관리·지원, 종업원의 후생 복지를 위하여 당해 공장용지 안에 설치하는 부대시설로서 산업자원부령이 정하는 것, 제조업을 영위하면서 관계 법령에 의하여 설치가 의무화된 시설, 제1호 내지 제3호의 시설이 설치된 공장용지)이라면 제조장이 공장 등록을 꼭 해야 하는 경우가 있다면 가능한가를 질의한 내용에 대한 '지식경제부'의 답변 내용은 다음과 같다.

산집법상 공장은 제조시설과 부대시설을 갖추고 제조업을 영위하는 사업장으로 규정되어 있으며 타법에 저촉이 없는 때에만 공장 등록이 가능하다고 해석한 바 있어 제조장도 공장 등록이 가능한 산집법상 공장으로 볼 수 있다. 우리가 흔히 개발하고 있는 공장은 대부분이 제조장이므로 다음의 사항을 숙지해야 한다. 공장이 투자처로 매력적인 이유는 주택은 임차인의 요구사항이 너무 많지만(원룸 임대에서 설명), 공장은 관리가 수월하고 화재만 나지 않는다면 정말 괜찮은 투자처이다. 화재 보험은 임차인과 임대인이 동시에 꼭 들어야 한다. 화재 원인에 따라서 임차인의 과실인가 아니면 임대인의 시설 자체의 구조적인 결함에서 발생하였는가를 따지기에 반드시 임대인. 임차인 둘 다 들어야 한다. 특히 전기 합선에 의한 화재가 자주 발생하기에 전기는 수시로 체크하는 게 좋다.

아파트형 공장에 투자하라

최근 수익형 부동산에 투자하려는 은퇴자들이 부쩍 늘어나고 있다. 아파트형 공장이란 건축물에 제조업, 지식산업 및 정보통신산업 기업과 지원 시설이 입주할 수 있는 다층형(3층 이상의 집합건물로 6개 이상의 공장이 입주할 수 있어야 하고 각종 부대시설과 편의시설도 갖추고 있음) 건물이다. 아파트형 공장은 도심의 오피스텔이나 아파트와 비교해 분양가가 낮다. 그리고 분양가의 70~80% 대출할 수 있기에 소액 투자자의 투자처로는 안성맞춤이다. 이걸 처음 대하는 사람들에게는 생소한 말들이 많아서 다소 어렵고 아파트형 공장에 투자한다는 것이 왠지 낯설기만 할 것이다. 우리가 두려운 것은 모르기 때문이다. 차근차근 아파트형 공장에 대해서 지식을 쌓아간다면 이러한 두려움은 해소되리라 생각한다.

〈지식산업센터 분양 및 입주 조건〉

구분	관련 조항	내 용
분양	제28조의4	지식산업센터를 설립한 자가 분양 또는 임대하고자 하는 경우에는 시장, 군수, 구청장의 승인을 받아 공개적으로 입주자를 모집해야 함.
처분 제한	제28조의3, 규칙 제25조	지식산업센터를 건설 원가로 분양받은 자는 분양받은 날로부터 2년간 매각금지
입주	제28조의 5, 시행령 제6조 시행령 제36조의 4	지식산업센터 입주할 수 있는 시설은 −제조업, 지식기반산업, 정보통신산업, 벤처기업 등을 운영하기 위한 시설 −지원시설(금융, 보험, 의료, 무역, 판매업, 물류, 보육, 기숙사, 근린생활시설, 문화 및 집회 시설, 운동시설 등)
입주자의 의무	제28조의 7	입주 대상시설이 아닌 용도로 활용할 수 없음. 또한 다른 용도로 활용하려는 자에게 지식산업센터의 전부 또는 일부를 양도하거나 임대하는 행위를 금함.

〈KB경영연구소〉

오래전에 같이 공부했던 L은 60대 중반의 남자로서 은행 지점장으로 성실하게 근무했었고 지금은 은퇴했지만, 근무 당시 지식산업센터 인근

지점에서 장기간 근무하면서 센터에 입주한 기업들의 여신 상담을 해오던 중 우연히 아파트형 공장을 알게 되었고 가지고 있던 얼마간의 돈과 대출 지렛대를 이용하여 입지 좋은 1층 코너(코너는 이점이 많다) 오피스 공장을 매입했다. 지금은 지점장 퇴직을 하고도 매월 월세를 짭짤하게 받고 있어서 지금도 가끔 만나면 은행원 생활 30년 중 그거 하나 건진 게 제일 잘한 일이라며 투자 성공 무용담을 들려주곤 한다. L은 현재 여러 일을 알아보고 있지만, 나이가 이미 60을 넘었고 과거 경력으로 인해 쉽지 않은 제2의 인생을 시작하고 있다. 다행히 두주불사형인 술 실력은 퇴직 이후에는 많이 줄었지만 돈 쓰는 라이프 스타일은 여전해서 쉽게 고쳐지지 않는다고 한다. 하지만 현직 때 투자한 아파트형 공장에서 나오는 월세와 얼마간의 수입으로 넉넉치는 않지만 나름대로 규모 있는 생활을 하고 있다.

아파트형 공장의 함정

아파트형 공장은 공장을 건축하는 자가 분양 또는 임대하려는 경우에는 착공 후에 모집 공고 안을 만들어 단체장(시장, 군수, 구청장)의 승인을 받아 공개로 입주자를 모집해야 하지만 특정 업종의 집단 유치를 위해서는 비공개로 할 수 있는 경우도 있다. 분양 시 건설 사업자가 직접 분양 공고를 하고 분양 계약을 체결하고 입주 직전에 관리 기관에 입주 계약을 신청한다. 그러므로 입주 부적격 업체와 분양 계약을 체결하는 경우가 발생한다. 그러기에 입주 업체는 입주 시에 모집 공고를 철저히 분석하여 해당 업체가 입주 자격이 주어지는지 확실하게 살펴야 한다. 국가 산업단지 내 아파트형 공장에 입주하려면 입주 계약을 체결하면 한국산업단지공단에서 현장 실사를 나온다. 신고한 업종이 맞는지 혹은 금지 업종이 입점하려는 것은 아닌지 직접 눈으로 확인하기 위해서다.

이러한 까다로운 제약이 있는 것도 사실인 바 반드시 주변 공인중개사 사무소에 찾아가서 전문가들에게 설명을 듣고 매수하려는 공장 권리 이전에 관한 인 · 허가 사항을 짚어주시기에 고민할 필요 없이 결정했다면 정당한 수수료를 지급하면 된다.

분양하는 방법도 일반 아파트와 유사한데 분양하는 아파트형 공장도 있고 임대하는 아파트형 공장도 있다. 분양하는 아파트형 공장도 개인에게 일반 분양하는 경우가 있으니 일반에게 문이 개방된 편이다. 대개 드라이브인 시스템을 갖춘 공장을 선호하며 또한 편의시설과 부대시설이 갖추어진 대단지 아파트형 공장이라면 말할 것도 없다. 교통편과 주차장도 넓어야 한다는 게 주요 입주 조건이다. 만약 건물에 들어서서 활기차지 못하고 휑한 느낌이 든다면 공실을 걱정하여야 할 것이며 화물 엘리베이터가 바쁘게 작동하고 있다면 이 공장은 제법 활기차게 돌아가고 있다고 느껴야 할 것이다. 아파트형 공장의 입지는 직원들이 직장으로 출퇴근하기 용이한 곳이라야 한다. 그래야만 직원들의 근무 환경이 최적화가 되기 때문이다. 역세권은 이러한 조건을 충분히 충족시키며 향후 매각 시에도 시세 차익을 볼 수 있는 입지로 최고이다.

아파트형 공장의 출현은 경제가 선진국형으로 발전하면서 과거의 굴뚝 산업의 잔재들은 점점 자취를 감추고 그 자리를 모던(Modern)하고 세련된 새로운 신개념의 오피스(Office) 공장들이 새로운 공간인 지식산업센터를 선점하고 있다. 주로 R&D 업무를 하거나 혁신적인 기술이나 창의적인 아이디어를 가진 실리콘밸리에서의 스타트업 벤처기업을 주 입주 고객으로 보면 된다. 전국 최대 규모를 자랑하는 서울디지털산업단지는 구로공단에 위치해 있고 첨단산업 중심의 산업단지로 변모하게 된 것이다. 이렇게 시작한 대한민국의 아파트형 공장은 지금은 지식산업센터로 변모하여 직접 차를 몰고 오피스까지 도달하는 최첨단 일자리로 발전했다.

아파트형 공장은 입지가 중요하다. 어떤 부동산도 마찬가지로 입지가 중요하지만, 아파트형 공장은 더더욱 입지가 중요하다. 기업들은 수익이 나지 않으면 바로 철수해서 사업을 원점에서 재검토하기 때문에 아파트형 공장 역시 모든 편의시설이 구비되어 있고 수익 내는 유리한 입지여야 기업들이 입점하기 때문이다. 그러한 기업들의 요구 조건에 맞도록 입지 선정이 잘된 아파트형 공장은 아마 공실은 없을 것이다.

아파트형 공장 역시 수도권 중에서도 서울 특정 지역을 제외하곤 많은 공급으로 인한 수요가 주춤한 것도 사실이다. 이러한 이유로 투자 시에는 좀 더 많은 관심과 공부가 필요하다. 지금의 부동산 시장은 참으로 알 수 없는 오리무중이다. 우리가 어떠한 상품에 투자해야 할지 판단하기에 어려움이 많다. 그렇지만 필자도 부동산을 전문적(공인중개사)으로 하기 전에는 잘못된 판단으로 이익을 내기는커녕 원금손실 보고 매각했던 적이 있다. 그때 결심한 것이 모르면 안 된다. 아는 만큼만 보인다. '내가 알지 못하는 부동산에는 절대 투자하지 말자'는 신조 같은 신념이 있기에 내가 잘 아는 투자 그래서 처음부터 이기는 투자를 해야 하며 손해 보지 않는 투자가 되기 위해서는 관련 공부를 해야 하며 공인중개사 자격증을 따고 부동산 관련 공부를 지금도 하는 이유이다.

부동산 투자 지금 해도 늦지 않다

05

공장 임대는
공실이 없다

수익형 부동산 중에서 가장 안전한 자산이며 임대가 수월한 공장 임대에서 공실이란 없다. 공장은 일반 주택과 달리 이전하려면 많은 제약이 따른다. 기계 설비를 뜯어서 다시 설치하기도 어렵지만, 가설을 다시 설치하고 신고해야 하는 번거로움이 있다. 비용과 노력이 만만찮게 들어가기 때문에 한번 자리 잡은 임차인은 다시 이전하고 싶어 하지 않는다. 공장은 주택과 달리 토지를 기본으로 500평 이상 깔고 앉아 있기에 고가이며 토지를 많이 필요로 하는 공장은 우후죽순 건축할 수도 없다. 그래서 수도권 지역의 공장은 공실이 드물다. 일단 공장은 큰 차가 드나들 수 있는 진입로가 생명이고 마당이 넓을수록 좋은 임대 공장이 된다. 이 세상의 모든 것은 불특정 다수의 불편을 해소하면 그것이 사업으로 연결된다는 것이다. 공장도 사업을 하려고 하는 사람들의 아쉬움을 해소하면 공실은 자연히 해소된다. 수도권 택지개발 여파로 서울 근교에 있던 공장들이 점점 수도권 외곽 지역으로 밀려 나오고 있으며 산업용지의 부족으로 인해 공장은 점점 귀하신 몸이 되고 있다.

지인 K는 사무소 인근에서 기업을 운영하며 공장 임대업도 함께 하고 있다. 그분이 사업장으로 쓰고 있는 공장은 집진 시설이 되어있는 일반 공장이다. 제2종 근린생활시설 제조업소가 아닌 산집법과 수정법의 적용을 받는 일반 공장이어서 희소가치가 있고 또 다른 곳에 일반 공장을 매수하여 임대 중인데 사용하던 업소가 공장 전체를 임대해서 쓰던 중 자가 공장을 신축하여 독립해서 나가는 바람에 공실이 되었다.

불경기에다가 코로나 상황까지 엎친 데 덮쳐서 대출이자는 계속 나가는 상황에서 걱정이 이만저만이 아니었고 공장이 블록으로 만든 공장이어서 임차인을 구하는 게 쉽지 않았다. 비가 많이 오면 간간이 비가 새는 곳도 있었기에 평당 임대가를 다른 공장보다 저렴하게 받을 수밖에 없었는데 그런 걱정은 기우였고 그 공장은 현재 두 군데 공장에서 임대하여 사용 중이다.

물론 건물주로서는 장기간 공실이 되면 건물이 관리가 안 돼서 더 빨리 노후화된다. 공실도 문제이지만 임대인은 진상 임차인을 만나게 되면 큰 손해를 입게 된다. 어떤 임차인은 임대보증금을 월세로 대납하는 경우가 있는데 임대인 입장에서는 결코 반가운 일이 아니다. 보증금의 목적은 혹시 있을지도 모르는 사고에 대비하는 차원에서 임대인이 임차인에게 목돈으로 받고 나중에 이사 나갈 때 쓰레기 비용이나 임차인의 과실로 인한 시설 파손 비용으로 정산한다. 그런데 월세로 보증금을 다 까먹어 버리면 임대인 입장에서는 혹시 있을 사고에 대비하는 차원의 보증금이 소진되면 불안하기 짝이 없다.

주택이나 상가 역시 수익형 부동산의 가장 큰 문제는 역시 공실이다. 공실의 위험을 어떻게 최소화하느냐가 수익형 부동산의 최대 관심사이다. 대표적으로 식품 공장은 희소가치가 있고 냉장·냉동 창고는 상대적으로 귀하고 설치 비용도 일반 공장보다 고가이며 30평 정도의 냉동 창고 설치 비용은 약 3천만 원 정도 소요된다. 설치 비용이 비싸므로 임대료 역시 보통 공장의 약 2배로 받는다. 식품 공장의 특성상 상·하수도가 인입되어 있어야 가능하기에 그만큼 귀한 대접을 받는다. 상·하수도가 인입되기 위해서는 주변에 대규모 공장이나 혹은 주택이 산재해 있어야 상·하수도 시설이 인입된다. 나홀로 떨어진 공장은 상·하수도 인입 혜택을 받기 힘들다.

공장 임대의 다크호스 식품 공장

위의 사진은 냉장 창고의 모습이다. 이러한 냉장 · 냉동 창고는 설치비가 많이 든다. 냉장실과 냉동실을 가동하는 콤프레셔가 핵심 부품이다. 콤프레셔는 마력수에 따라 가격이 천차만별이다. 보통 2개 설치돼야 하는데 1개가 고장 나더라도 예비가 가동되기 때문이다. 그래서 콤프레셔는 고가이며 최적의 가동 상태로 유지돼야 하기에 수시로 점검해야 한다. 냉장과 달리 냉동은 바닥도 단열 처리 하야야 하고 기계가 추가로 설치되어야 하기에 냉장보다 냉동이 설치 비용이 고가이다. 보통 한 번 설치해놓으면 1년의 무상 사후 관리가 가능하고 보통 5년 정도는 고장 없이 가동된다. 이러한 식품공장의 냉동 · 냉장 창고는 고부가가치의 공장

부동산 투자 지금 해도 늦지 않다

이므로 월세를 많이 받을 수도 있고 희소가치가 있는 상품이므로 공실은 거의 없다.

손님 중에 A라는 50대 중반 남자분이 있다. 제대하고 부동산에 취직해서 광고지를 붙이는 등 허드렛일을 하다가 그분은 무허가 주택에서 어렵게 살았기 때문에 만약에 돈이 생기면 부동산을 산다는 것이 일생일대의 신념이었다. 부동산은 썩지도 않고 관리도 쉽기 때문에 자기 신용을 이용해서 지렛대를 이용하면 소자본으로도 부동산을 마련할 수 있다고 믿었기에 무조건 돈이 생기면 부동산에 투자하였다. 그분은 쌀장사를 했는데 미국 쌀과 태국 쌀 등을 전자 입찰을 통해서 수입해서 국내에 조달하는 역할을 했다.

미국과의 FTA로 인해 쌀을 수입해서 국내에 조달하던 때였다. 그런데 문득 아침에 동네를 산책하던 중 하는 사업이 계속 잘된다는 보장은 없었고 이대로 쌀만 팔다가 죽을 수는 없다고 생각하게 되었다. 새벽부터 밤늦게까지 일을 하곤 해서 돈이 되는 일이었지만 시간적인 자유를 갈망했고 밤낮없이 일에 파묻혀 사는 자신의 모습에 변화를 주고 싶었다. 그래서 직원에게 그 사업을 물려주고 지금은 주로 부동산 투자를 전업으로 하고 있으며 자산은 부채를 빼고 약 120억대의 자산을 소유하고 있다. 고시원과 빌딩을 소유하고 있었고 지금은 주로 부가가치가 높은 식품 공장을 싼값에 매입해서 약간의 냉동 시설, 냉장 시설을 거쳐 아주 비싼 가격으로 매도하곤 한다. 이처럼 자신의 노력만 조금만 가미하면 기존의 부동산보다 더욱 가치 높은 재화로 재탄생할 수 있다는 것을 알아야 한다. 팬데믹 시대 이후 더욱더 디지털 온라인 방법이 활성화될 것으로 예상되는 가운데 택배 산업의 발달과 아울러 창고는 더욱더 공실이 없어질 것이다. 공장 역시 공실이 없는 이유가 우리나라는 전통적으로 제조업 강국이기 때문이다. 이러한 업무용 부동산이 날로 늘어가고 있고 기술적으로 진화하면서 발전되어가고 있다.

부동산 투자 지금 해도 늦지 않다

06

경매로
공장 마련하기

경매 법원에 가서 최고가로 응찰한 사람에게 부동산의 소유권을 넘기는 매각 방식이 바로 경매이며, 경매의 목적은 채무자들에게 부동산을 매각하여 배당하는 것이다. 배당은 부동산을 경매해서 매각 대금으로 부채를 청산하는 절차를 배당이라고 한다.

경매 배당 순위	
순위	내용
0순위	경매집행 비용(경매 진행에 소요된 비용: 인지대, 감정평가 비용, 송달료)

1순위	필요비, 유익비(이해관계인이 목적부동산의 보존 및 개량에 지출한 비용)
2순위	임금채권과 최우선변제금(공장의 경우 임금을 못 받은 3월분 임금채권 등)
3순위	당해세(해당 목적부동산에 국세, 지방세, 가산금. 주로 재산세, 종부세)
4순위	임차인이 확정일자 받은 우선변제권(접수날짜, 접수번호 순)
5순위	3월 초과분 임금 등 2순위로 받은 임금 이외의 임금채권, 퇴직금
6순위	저당권보다 나중인 국세, 지방세
7순위	각종 공과금(산업재해보상금, 건강보험금, 연금보험료 등)
8순위	일반채권, 대항력 없는 임차권

　　공장을 경매로 사기 위해서는 2순위 임금채권과 5순위 채권과 해당 건축물에 등기되지 않은 유치권 등을 눈여겨봐야 한다. 통상 5순위가 넘어가면 배당받기가 어렵다. 경매로 공장을 구매하면 시세보다 저렴하게 구매할 수 있지만, 최근에는 경매가가 급매가보다 절대 저렴하지 않을 수도 있다. 그만큼 경매 시장의 문턱이 낮아진 탓이다. 그렇지만 진흙 속에서 영롱한 진주를 발견할 수도 있기에 부지런히 손품, 발품, 정보품을 팔아야 좋은 물건을 만날 수 있다. 사전에 충분한 지역 분석과 물건 분석은 기본이다. 그만큼 임장 활동이 중요하다는 뜻이다. 공장 재산목록에 올라 있는 동산들은 감정평가서에 대부분 실려 있기에 내용을 꼼꼼히 살펴보아야 한다.

　　유치권은 공사업자가 해당 건축물을 공사해주고 건축비를 받지 못하는 과정에서 공사 대금을 받을 때까지 건물을 반환하지 않을 권리를 말한다. 가령 세탁소에서 주인이 세탁 비용을 받을 때까지 세탁물을 주인에게 반환하지 않을 권리를 말한다. 보통 유치권이 설정된 물건은 기피하는 경향이 있는데 낙찰받고 난 뒤에도 유치권자와 법정 공방을 다투어야 하고 투자 비용 외에 돈이 들어갈 수 있기 때문이다. 채권자들이 자기들의 손해를 보전받기 위해서 무턱대고 채무자의 부동산에 유치권을 설정해놓곤 한다. 경매에 물건이 나오면 법원은 감정평가사에게 현황조사를 나가서 목적부동산에 관한 시세나 관련 사항을 감정평가서에 모두 기재하도록 하고 있는데 이러한 감정평가서에 유치권에 대한 내용이 없다면 일단 그 유치권은 진정성을 의심해봐야 한다는 것이다. 유치권은 등기부상에 표시되지 않는 권리이기에 임장 활동을 통한 현황 조사에서 경락자는 분명히 짚고 넘어가야 하는 절차이다. 그렇지만 경락자 입장에서는 유치권자와의 합의 취하서를 첨부하여야 잔금 대출이 되기에 꼭 해결해야 할 부분이다.

공장 경매 시 반드시 임장 가서 주변을 확인하라

공장은 경매 시 무심코 지나칠 수 있는 것으로서 혹시 이 공장이 산업폐기물을 다량 배출하는 공장인지 아니면 해당 지자체에 과태료를 낸 사실은 없는지 알아보고 혹시나 공장용지에다가 폐기물을 매립해놓지는 않았는지 임장 시 눈여겨봐야 한다. 경매에서 공장 폐기물은 매수인이 인수해야 하므로 주의를 요한다.

　잘 알던 사업가 G는 50대 중반의 남자로서 공장을 임대하여 사업을 해 오던 중 자기 소유의 사업장을 마련코자 공장을 경매 받아서 사업을 계속할 수 있었다. 그런데 이 공장 진입로 도로가 좁아서 대형차들이 진입하지 못하는 불편함이 있었다. 다리 폭이 넓지 않아서 90도 회전하지 못하는 어려움이 있었던 것을 G는 계속해서 시와 도에 민원을 제기하여 도비로 그 다리를 넓게 되었고 지금은 대형 트레일러 등이 회전하는데 전혀 문제없다. 그렇게 자기 돈을 들이지 않고 불편함을 해소하는 것도 공장 소유자의 능력이다. 이렇게 해서 진입로가 해결되고 나서 공장은 미운 오리 새끼에서 황금 오리로 거듭나고 몸값은 많이 올라 있었다. 문제는 엉뚱하게 찾아왔다. 처음에는 몰랐는데 1년쯤 사용하고 여름 장마철에 비가 많이 오던 해에 공장 뒤편에 자투리땅이 있었는데 비가 오면 악취가 나고 침출수가 흘러나오는 등 땅속에 뭔가가 매립돼 있다는 것을 의심하고 굴착을 해보니 대규모의 기름 섞인 용도 미상의 폐기물과 건설 폐기물 등이 매립되어 있는 것을 발견했다. 폐기물은 해당 지자체에 신고하고 버려야 하기에 그것을 처리하는 비용도 꽤 들었다고 한다.

　이 사례에서 보듯이 육안으로 확인되지 않는 문제점들이 있는 것은 어쩔 도리가 없다. 공장 경매 전에 눈에 보이는 것들이라도 잘 살펴보고 피해를 최소화해야겠다. 공장은 대략 시설비로는 마당 아스콘은 바닥에 잘 깔려 있는지, 내부 바닥 에폭시 등은 수리가 필요한지, 벽면 패널은 교체 안 하고 사용해도 관계없는지, 그리고 상·하수도는 잘 작동이 되는지 여부도 확인하여야 한다. 오수 직관이 막힌다든지 상수도가 작동이 안 된다면 매각 대금 외에 수리 비용도 많이 들어간다. 수리 견적 비용은 어느 정도 들어가는지 등을 꼼꼼하게 살펴보아야 하며 이러한 수리 비용 역시 감안하여 매각 대금에 포함시켜야 한다. 공장 등은 주택과 달리 수리 비용이 만만찮게 나오는 경우가 많다. 그리고 공장은 동력을 많이 사용하기 때문에 전기료 등이 연체된 사실이 없는지 해당 기관에 의뢰하여 확인하여야 한다. 공장에서의 전기 사용료는 일반 가정에서 사용하는 전기 요금과 비교할 수 없을 정도로 비용이 많이 나온다.

공장저당법에 의한 공장 저당권의 실행으로 인한 경매 : 공장의 소유자가 소유하고 있는 공장과 토지 및 건축물과 그에 설치된 기계, 기구 기타 공용물은 일체로 경매 처분한다. 이 경우 "감정 목록에 빠져있는 기계류 등은 낙찰자가 그 소유권을 가질 수 없다."는 것이 대법원의 판례이다.

일반 저당권에 의한 경매가 이루어지는 경우 : 공장의 토지와 건물에 대해서만 경매가 가능하다. 이 경우 "감정 목록에 기계설비가 누락되었다고 하더라도 그 소유권이 제삼자 명의로 되어있지 않으면 낙찰자는 그 소유권을 취득한다."는 것이 또한 대법원의 판례이다. 그래서 일반 저당권자의 신청에 의한 경매 시에 경매 신청과 함께 공용물 목록을 제출하여 경매 신청을 하여야 한다.

사업하시는 분 중에도 간혹 경매로 싸게 매입해서 사업을 영위하시다가 나중에 사업이 어려움을 겪거나 혹은 연로하셔서 은퇴로 인해 사업을 자식들이 이어받지 않고 사업을 접는 경우가 가끔 있다. 그런 경우 매도를 의뢰하는데, 보통 이러한 공장 매도 가격은 경매로 매입할 때보다도 2배 많게는 3배가량의 시세 차익을 보고 매각하는 경우가 대부분이다. 지금의 제조업은 사실은 원재료와 인건비의 상승으로 인해 사업 이득은 좀처럼 보기 힘든 상황이며 더군다나 중소 제조업체들은 외국의 값싼 노동 인력의 힘을 빌려 사업 흑자를 냈었는데 최근의 최저임금 상승과 외국 노동 인력의 인건비 상승과 단체행위로 그것도 여의치 않게 되었고, 결국은 이러한 부동산 가격의 상승으로 손실을 보전하는 경우가 많다.

다음은 경매에서 중요한 용어들이다.

매각물건명세서	현황조사서	감정평가서
매각물건명세서는 경매대상 물건을 표시하고 그 현황과 권리관계를 공시하여야 하며 매수희망자가 경매대상 물건에 필요한 정보를 쉽게 얻을 수 있도록 하여 예측하지 못한 손해를 방지함이 목적이다. 담보권, 압류채권, 가압류채권의 기입은 물론 대항할 수 있는 지상권, 전세권, 등기된 임차권 또는 가처분을 기재하여야 하고 매수인에게 대항할 수 있는 임차권등기명령의 경우 등기가 말소될 것인지 여부가 불투명하므로 그와 같은 취지를 기재해야 한다.	매각물건명세서와 함께 입찰예정자가 반드시 열람해 봐야 할 법원의 경매기록으로 법원 소속집행관이 직접 현장을 방문해 조사한 내용을 기재하고 있다. 임대차 관계, 점유 관계, 부동산 현황 등이 표기되어 있다. 집행관이 방문하여 직접 몇 가구가 사는지 소유자와의 관계가 어떤지 등을 확인하고 사람이 없는 경우 안내장을 붙이고 주민센터에 가서 전입가구 열람 명세 등을 확인하게 되면 필요한 경우 다시금 방문하여 확인한다.	감정평가사는 부동산의 시세와 위치 등을 감안 하여 감정가를 제시하게 되고 이를 감안 하여 법원의 최저매각가를 정하게 된다. 시세와 다소 차이가 있기에 감정 가액을 액면 믿지 말고 직접 임장 하여 부동산사무소 등을 방문하여 직접 시세를 확인하여야 한다. 부동산 중개사무소에서는 감정가액을 잘 알려주지 않는 경향이 있음으로 직접 음료수라도 한 박스 사가서 접근하는 것도 방법이다.

이러한 사전 지식과 부동산 시세의 정확한 분석이 중요하지만, 최고로 좋은 방법은 내가 잘 알고 있는 지역의 물건을 경매 받는 것이다. 큰 이익을 노리는 사람은 작은 이익을 노리는 사람에게 항상 진다는 것을 명심하기 바란다.

07

공장과 창고 투자에 대한 장점과 유의사항

공장과 창고 투자 모두 넓은 도로가 생명이다. 공장, 창고는 대형 차량이 쉽게 출입할 수 있는 도로가 필요하다. 물류창고는 수도권과 충청권일대 고속도로 나들목 부근에 대형 창고들이 밀집해 있는 것을 본 적이 있을 것이다. 그것은 물동량이 많은 물류창고 특성상 전국 각지로 물류를 수송할 수 있는 고속도로 인근이 물류비를 줄일 수 있는 최적의 장소이기 때문이다. 최근에는 대형 매장이나 백화점에서의 상품 거래가 활발해지면서 더욱더 물류 창고의 수요가 활성화되고 있다. 이러한 물류 창고는 대형 차량의 출입이 빈번하기에 기반시설이 잘 갖추어져야지 좋은 창고의 입지가 된다. 기본적으로 6M 진입로를 확보하지 않으면 허가 자체가 되지 않는다. 다음과 같은 대형 트레일러와 트럭 등이 물류 이동을 책임지고 있기 때문이다.

트레일러

이처럼 창고에서는 진입도로가 생명이며 도로 확보가 물류창고의 생명이다. 그것은 공장도 마찬가지이다. 도로의 종류에는 공도가 있고 사도가 있다. 공도는 공중이 교통수단을 이용하여 다닐 수 있도록 지방도, 시도, 군도, 고속도로, 그리고 농어촌도로가 있다. 사도는 다수의 통행을 위해 개설된 개인 도로를 말한다. 사도는 개인이 개설한 도로이기에 도로법의 준용을 받지 않고 소유자가 직접 관리한다. 사도를 개설, 증축 또는 변경하려는 자는 특별자치 시장, 특별자치 도지사 또는 시장, 군수,

구청장의 허가를 받아야 한다. 그리고 현황도로가 있는데 지적도상의 도로로 표기되어 있지 않지만, 인접 사용자들이 오랫동안 관행적으로 묵시적으로 통행로로 이용하고 있는 사실상의 도로이다.

건축법상의 도로는 보행과 자동차 통행이 가능한 너비 4M 이상의 도로를 말하며 도로법, 사도법에 고시가 된 도로를 말한다. 항상 토지는 개발하든지 사용을 하든지 도로로 인해 이웃간의 분쟁이 많은 것은 사실이다. 친분이 있는 개발업자 K는 공장 용지를 개발하면서 자신의 토지가 인근 도로 5M에 닿아 있었으므로 개발행위 허가를 받는데 아무런 문제가 없다고 생각하고 개발하려고 측량을 하고 토목공사를 진행하던 중, 그 도로가 사도이지만 도로대장에 등재된 도로였다. 도로 소유자가 인근 토지 소유주와 아무런 상의도 없이 도로 통행을 못 하도록 큰 장애물을 설치하고 공사를 방해하였고, 개발업자 K는 도로 소유자와 만나 원만하게 합의하고 싶었으나 사도 주인은 자신의 도로에 대한 사용 권능을 내세우며 터무니없는 액수의 돈을 요구했으며 장애물을 치울 생각이 없었다.

부동산 개발과 세금

지목이 도로인 토지는 인근 토지의 사용 수익에 제공된 것으로 보기에 인근 토지 사용자의 동의 없이는 그 도로를 막으면 교통 방해죄가 성립하는데(교통 방해죄는 육로, 수로 또는 교량을 손괴 또는 불통하게 하거나 기타 방법으로 교통을 방해한 경우에 성립한다.[민법 제185조]), "여기서 육로란 도로법상 도로가 아니라도 상관없고 2가구 정도만 사용하는 통행로도 여기에 해당할 수 있다"는 것이 대법원 판례이다. 그 토지가 이미 지목이 도로가 된 이상 토지 소유주가 지목을 도로에서 다른 지목으로 변경하고 싶다면 그 도로를 사용하는 인접 토지 소유자의 동의서를 받아야 지목 변경이 가능하다. 이러한 토지 개발에서는 도로가 굉장히 중요하며 도로가 사실상 부동산의 생명줄 역할을 한다고 봐도 무방하다. 이러한 시비로 인해 토지 개발자도 전혀 예상하지 못한 일에 에너지를 낭비하고 공사 기간은 예상치 못하게 딜레이되어 공사가 불가피하게 차질을 빚고 말았다. 이러한 경우는 인근 토지주들과 원만하게 민원을 해결하는 것이 가장 좋은 방법이다

토지를 개발할 때에 유의해야 할 점은 토목 공사비와 그리고 각종 세금이다. 토지를 개발하는데 지목이 답·전이면 농지이기에 건축물을 지어서 준공하면 대지로 지목이 변경되는데, 그러면 농지에서 대지로 지목 변경 비용, 즉 '농지 보전 부담금'이라는 세금이 따른다.

'농지 보전 부담금 = 개별공시지가(㎡)당 × 30%'이다. 이때 제곱미터당 50,000을 넘지 못한다. 그렇다면 임야를 개발하게 되면 대체 산림자원조성비를 내야 한다.

1) 2020년 대체 산림자원조성비 부과기준 = 산지전용허가면적×(단위면적당 금액+해당 산지공시지가의 1000/10)

2) 단위면적당 금액

준보전산지 : 6,860/㎡

보전산지 : 8,910/㎡

산지 전용 일시사용 제한지역 : 13,720/㎡

3) 개발이익 환수에 관한 법률

토지에서 발생하는 개발이익을 환수하여 이를 적정하게 배분하여서 토지에 대한 투기를 방지하고 토지의 효율적인 이용을 촉진하여 국민경제의 건전한 발전에 이바지하기 위함.

4) 개발부담금 = 개발이익 × 25% 또는 20%

5) 개발이익 = 종료시점지가-개시시점지가-지가상승(부과 기간)-개발비용

법 제5조 제1항 제1호부터 제6호까지의 개발사업 : 20%

법 제5조 제1항 제7호 및 제8호의 개발사업 : 25%

이러한 세금 부분을 잘 숙지하여 공장 창고 부지개발 시 반드시 숙지하여야 하며 개발비용에서 세금은 아주 큰 복병이다. 아주 유능하기로 소문난 개발업자 M은 산지를 싼값에 매입하여 공장용지로 개발하였으나 제비 한 마리 왔다고 해서 여름이 온 게 아니라고 했던가? 예상치 못

한 암석이 개발 산지에서 발굴되어 공기가 늘어나고 개발비용이 배로 늘어나 결국은 비싼 가격으로 매입한 사례도 있다. 하지만 그다음에도 M은 또 개발하고 공장용지를 찾아다니는 걸 보면 많은 이윤이 남는 사업임이 확실하다.

08

수익형 부동산 투자는 공장이 최고다

수익형 부동산 중에 공장이 수익률 면에서는 그렇게 높다고 단정 지을 수 없는 이유는 초기 비용이 다른 부동산보다 많이 투입된다는 것이다. 매매 가격이 높다 보니 수익률이 당연히 나오지 않을 수밖에 없다. 그러나 공장은 기본적으로 토지 평수가 넓고 토지 가격이 매년마다 상승하다 보니 당연히 시세 차익이 다른 수익형 부동산보다 월등히 높을 수밖에 없다. 산업용 토지는 해마다 오를 수밖에 없는 이유가 택지가 점점 늘어나고 있고 상대적으로 산업용 토지는 수도권 외곽 지역으로 밀려나고 있기 때문이다. 경기도 외곽 지역 공장 지역이 밀집한 화성, 김포, 안산

등이 벌써 지가 상승이 두드러지고 경기 남부 지역 또한 지가 상승이 가파르다. 더군다나 다주택자에 대한 세금 규제 정책이 계속 이어지고 있는 상황에서 더는 주택에 투자하기에는 부담이 가는 게 사실이다. 지금은 사실은 경기도 남부 지방에도 1년 단위가 아닌 6개월 단위로 토지 가격이 상승하는 게 사실이다. 그렇지만 산업용 토지가 턱없이 모자라기에 우리나라의 특성상 획기적으로 현 상황이 해소되지 않을 것이다.

잘 아는 손님 중에 H와 L 부부가 있다. 이들은 50대 후반으로 중개사무소 인근에서 골프채 사업을 하고 있었다. 그런데 자신들의 사업장이던 공장을 매각했다며 어느 날 사무소에 찾아왔다. 나는 깜짝 놀라서 물었다. "아니 얼마에 파셨어요?" 그 공장은 고속도로에서 훤히 보이기에 광고 효과도 누릴 수 있는 전망 좋고 입지 좋은 우리가 흔히 알고 있는 산집법과 수정법의 적용을 받는 귀한 일반 공장이었다. "그렇게 좋은 물건을 얼마에 매도했을까?" 몹시 궁금했다. 내가 팔려고 그렇게 발품을 팔고 손님을 20명 정도는 모시고 가서 브리핑했던 바로 그 공장이었다. 생각보다 매우 싸게 팔았다.

은근히 속에서 검은 물체가 솟아오르는 것 같았다. 내가 공들여서 매도하려고 했던 물건이기도 했지만, 헐값에 판 거 같아서 속상했다. "아니 사장님 내가 그렇게 그 가격에 매도하려고 해도 안 된다고 하셨잖아요."

내가 다급하게 물었다. "나도 처음에는 그 가격에 안 된다고 생각했는데 일주일이 멀다 하고 찾아와서 귀찮게 하길래 팔아버려서 미안해요. 사장님." 그렇게 얘기하는 것이었다. 황당하고 허전했지만 어쩔 수 없는 일이 아닌가! 하여튼 부동산은 임자가 따로 있는 법이라는 걸 다시 한 번 알게 되었고 이 부부는 미안했던지 나에게 길가 땅을 소개해달라고 했다. 그렇게 도로변에 있는 땅을 2년 전에 180만 원에 매수해드렸는데 그 땅은 공장 지을 후보지였으며, 지금은 250만 원 정도의 시세이다. 공장 지을 만한 토지가 없는 것이 사실이어서 부르는 게 값이다.

한 조사에 따르면 수도권에서 수도권 인접 지역으로 공장을 이전한 기업에 대한 설문조사에서 모두 '낮은 지가 및 임대료'가 가장 큰 원인인 것으로 나타났다. 수도권 공장 입지 규제 정책이 기업 이전에 영향을 미쳤다는 분석도 있었고, 규제 정책 중 영향을 끼친 정책으로는 공장 총량제와 공장 신증설 제한 등이 있었다. 수도권 지역은 지가 및 임대료, 그리고 교통, 통신 인프라 등의 발달로 인한 기업 하기 편리한 지역적인 특성과 거기에 비례해 양질의 노동력 확보가 용이하고 원료 공급과 더불어 판매 시장도 수도권에 밀집해 있는 것 등이 수도권 지역 공장 입지의 이점으로 꼽혔다.

수도권에 산재한 공장 지역

이처럼 수도권으로의 공장 밀집 현상은 자녀들의 교육 문제와 양질의 주거 복지 제공 차원에서도 공장은 수도권에서 비수도권으로 이전하지 않을 것으로 전망된다. 더군다나 식품 공장 같은 경우는 인력 수급이 가장 중요하며 기업주의 입장에서는 모든 물가와 임대료, 지가가 비싼 수도권에서 공장을 할 이유가 없지만, 종업원 구하기가 하늘의 별 따기여서 비수도권 지역으로 이전을 선뜻 결정할 수 없는 실정이다.

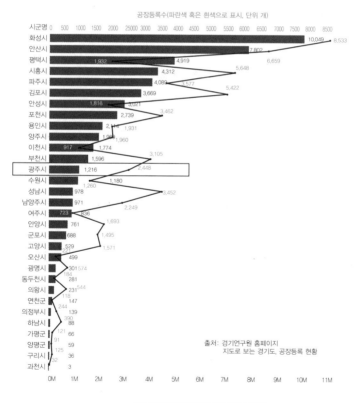

출처: 경기연구원 홈페이지
지도로 보는 경기도, 공장등록 현황

수도권에서의 공장 등록 수를 보여주는 지표이다. 경기도 화성시, 안산시, 평택시 등이 공장 등록 수가 많고 상대적으로 과천시, 구리시, 양평군, 가평군 등이 공장 등록 수가 적음을 알 수 있다. 공장 입지에는 개별입지와 계획입지가 있는데 개별입지공장이란 개별 기업이 각자의 판단 때문에 공장용지를 개발하는 방식으로 공장을 설립하는 경우이며, 계획입지공장은 국가나 공공단체가 국가산업단지, 일반산업단지, 도시첨단산업단지, 농공단지, 준산업단지, 협동화 사업 단지 등을 대규모 산업용지로 조성하여 다수의 공장을 입지시키면서 기반시설을 완벽하게 갖추어서 입주시키지만, 개별입지공장은 주로 개별 업체가 스스로 기반시설 등을 갖추어 입지한다. 우리가 비록 제조업 사업주가 아니지만, 투자자의 입장에서 계획입지 공장이 아닌 개별입지 공장의 개발 주체가 되어서 공장 용지를 매입하고 개발해서 각종 인허가 과정을 거쳐 공장을 건축하고 사업주에게 매도함으로써 대한민국 경제의 일익을 담당하는 제조업의 역군으로서 책무를 다하고 더불어 수익도 창출할 수 있다면 부동산 투자의 관점에서도 주택의 투자에만 몰입할 것이 아니라 여러 가지 다양한 부동산 투자 스펙트럼을 넓혀서 진정한 전천후 미드필더가 되어야 하지 않을까 생각해본다.

부동산 투자 지금 해도 늦지 않다

5장

부동산 투자가 부자로 가는 지름길이다

01

부동산 투자가
부자로 가는
지름길이다

　사람은 누구나 부자가 되고 싶어 한다. 부자가 되고 싶어 하지만 막상 부자로서의 생각이나 부자가 되기 위한 구체적인 행동을 하지 않는 이유는 방법을 몰라서 못 하는 경우가 대부분이다. 원인이나 동기, 과정은 무시한 채 결과만을 중요시하므로 부자가 아닌 사람들은 부자를 싫어하고 그저 운이 좋은 사람이거나 윗대로부터 물려받았다고 생각한다.

　프랜시스 베이컨은 다음과 같은 말을 했다. "부를 경멸하는 사람을 신뢰하지 마라. 부를 얻으려다 절망에 빠진 사람만이 부를 경멸한다." 부

(富)에 대해 올바른 이해와 가치관의 정립이 중요한 이유는 부는 단순히 나쁘다거나 사회악으로 치부해버리면 절대 자신에게로 부를 끌어당기지 못한다. 부자로서의 그릇이 되지 않고는 부를 담을 수가 없다. 그릇이 너무 작으면 부는 자연스럽게 흘러 넘쳐버린다.

옛말에 삼대 부자 없다는 말이 있다. 그만큼 부를 지키는 일이 힘들고 어렵다는 말이다. 부라는 것이 단순히 재물만을 의미하지는 않는다. 가진 자로서의 윤리의식이 철저히 내재되지 않으면 부는 언제든지 그로부터 도망갈 준비를 하고 있다. 카네기, 록펠러, 빌 게이츠는 어마어마한 돈을 사회 복지를 위해서 기부했다. 부를 모으는 이유가 너무나 명확하다. 더불어 사는 삶의 철학이 생활 속에 녹아 있는 성숙한 자본가들이다. 돈을 모으고 부자가 되는 이유를 잘 말해주는 분들이다.

우리나라에도 그런 훌륭한 자본가들이 있었다. 우리가 가난하게 살았던 조선 시대로 거슬러 올라가서 부자로 살아온 한 가문의 예에서 교훈을 찾고 부자의 품격과 대물림하는 방법 등 오랫동안 부를 지키면서 부자로서 살아온 노하우를 공유하고자 한다. 12대 400년의 부를 이어온 '경주 최 부자' 얘기는 부자들의 생활 방식을 제시해주는 교훈적인 지침서라고 해야 할 것이다. 최 부자 집의 오랜 전통적인 가치이며, 후손이 본받아야 할 가훈은 다음과 같다.

"사방 일백 리에 굶어 죽는 사람이 없도록 하라."

지금의 우리의 삶이 모습은 어떤가? 옆집에 누가 사는지조차 알지를 못한다. 얼마 전에 모녀가 시신으로 발견된 적이 있는데 운명하시고 난 뒤 1주일이 넘어서 발견되었다. 이런 일이 비일비재하게 일어난다. 군중 속에 고독한 삶을 살아가는 현대인들은 한 번쯤은 단절의 삶을 지양하고 이웃을 살피며 뒤돌아봐야 한다.

"흉년에 땅 사지 마라."

남의 어려운 사정을 이용하여 나의 재산을 늘리지 말라는 것이다. 흉년이 들어 굶어 죽는 사람의 곤란한 처지를 이용하여 부를 축적하지 말라는 것은 부를 어떻게 축적해야 하는지를 알려주는 가르침이다.

"소작료를 만 석 이상 받아 재산을 불리지 마라."

원래 소작료를 제대로 받으면 2만석은 족히 되지만 만석을 넘기지 말고 소작인과 상생하여 더불어 살아가라는 가르침이다. 그래서 소작인들은 소작료를 적게 받으니 누구나 최 부자가 더 많이 재산을 축적하여 더 큰 부자가 되었으면 했다. 그래야 자기들도 같이 부자가 될 수 있는 길이 열리니 참으로 중용의 도를 실천한 최 부자 집이다.

"집안의 사랑채는 하루 일 백여 명의 과객들의 숙박 장소로 내주어서 불편함을 보살폈다."

재산 축적의 정당성을 베풂으로 실천하여 온 나라로 그 명성이 퍼져갔
다. 임진왜란과 병자호란 두 번의 국난에는 최진립 장군은 경주 일대에
서 왜군을 맞아 싸우고 병자호란에는 69세의 노구를 이끌고 지금의 경기
도 용인 지역에서 청군을 맞아 용맹하게 싸우다 장렬히 전사했다.

마지막 최 부자 최준은 모든 재산을 국가의 부흥에 이바지하고자 대구
의 영남대의 전신인 대구대를 설립하고 1970년 사망하면서 최 부자 일가
는 역사 속으로 사라지고 더는 부자가 아닌 평범한 후손들이 삶을 이어
가고 있다. '노블레스 오블리주(Noblesse Oblige)'를 실천한 가풍은 한국 부
자들의 귀감이 되고 남았다. 이처럼 부자에게도 지켜야 할 정도(正道)가
있으며 더불어 사는 삶을 통해서만이 부를 유지할 수 있다는 것을 배우
게 된다.

부동산을 투자의 관점에서 관리하라

부동산 사무소에서 멀지 않은 곳에 사는 50대 후반의 남자 손님 J가 있
다. 그분은 현재 공장을 월 임대료 200만 원에 임대하고 있고, 원룸 다가
구 주택을 지어서 약 450만 원 정도의 임대 수입을 얻고 있다. 원래 성격
이 내성적이어서 남에게 아쉬운 소리를 못 하고 자기 생각대로 모든 일
을 처리하는 성격이다. 선대로부터 많은 땅을 유산으로 받은 까닭에 비

교적 힘들이지 않고 부자 소리를 듣는 전형적인 금수저이다.

J의 상속받은 땅 중 약 2,000평 정도가 맹지여서 고민이 많았다. 그런데 그 앞의 땅을 개발업자가 개발해서 소매점으로 매매를 나에게 의뢰한 적이 있었다. 그래서 나는 망설임 없이 J에게 말했다. 이번에 좋은 소매점 물건이 나오니 꼭 매수해서 길을 내면 뒤쪽 맹지가 해결되니 그렇게 하라고 했다.

소매점 가격이 부지가 300평 정도에 60평 건물이 지어져 있었다. 만약 J가 그 소매점을 사게 되면 자신의 뒤쪽 2,000여 평의 땅의 도로 문제를 해결하도록 도와주겠다고 했으나 그의 대답은 노(No)였다. 정말 어이가 없었다. 4억만 투자하면 뒤쪽 자신의 땅 가치가 2배 아니 3배는 올라갈 텐데 싫다는 것이다. 현재는 돈이 없고 현재의 공장을 매도해야 해서 번거롭다는 것이다. 나는 "아! 이 사람은 지금 부동산에 대해 잘 모르고 있구나. 그리고 더 이상의 부자가 되기 싫구나."라고 혼자 중얼거렸다. 상속으로 받은 땅에서 건물을 지어 임대료를 받고 있으니 어려움이 절실하지 않아서 저러는구나 싶었다.

이처럼 기회는 소리 소문 없이 왔다가 소리 소문 없이 지나가버린다. 그러나 기회는 다시 오지 않는다. 기회를 기회로 인식조차 하지 못하고 의미 없이 흘려보내 버리면 금전적으로 얼마나 손해인가. J는 달러 빚을 내서라도 그 소매점을 매입하여 자신의 길 문제를 해결했어야 했다. 부동산에서 가장 중요한 건 도로 문제이다. 오죽하면 길 없는 땅을 맹지라고 하겠는가? 맹인은 앞을 볼 수 없다. 앞을 못 보면 어떤 행위도 불가능하다는 뜻이다. 아파트 같은 주거용 주택은 길 문제가 애초부터 해결되어 나오지만 아무런 행위를 하지 않은 토지는 길 문제가 생명이다. 부동산 투자 시에는 항상 도로 문제가 급선무이며 나의 땅에 길이 있는지, 아니면 남의 땅에 길이 있는지 반드시 확인하고 투자하여야 한다. 이웃 토지와의 분쟁은 대부분이 도로 문제이다.

대부분의 부자는 부동산 자산에서 시작한다. 동서고금을 막론하고 부동산을 투자 대상에서 제외하고는 절대로 부자가 될 수 없다. 어떠한 투자 상품도 부동산 가격이 상승하는 것보다 앞질러서 치솟는 상품을 본 적이 없다. 그야말로 언제까지 불패 신화가 이어질지는 아무도 장담하지 못한다. 한 가지 분명한 것은 부동산은 패배한 적이 한 번도 없는 무패라는 것이다. 입지가 아무리 좋지 않은 부동산도 사놓으면 언젠가는 올라간다. 다만 입지 좋은 것에 비해서 시간이 더딜 뿐이다. 트럼프도 과거 젊은 시절에 투자를 잘못했다가 쫄딱 망한 적이 있다. 하지만 얼마 뒤에 부동산으로 화려하게 재기했다. 그 이후로 그런 실수를 되풀이하지 않고 더욱 부를 축적하는 기회로 삼았다.

부동산 투자로 부자가 되었다는 말은 너무 많이 들었지만, 주식 투자해서 부자 되었다는 말은 몇 번 못 들어본 것 같다. 토지는 유한하며 인류의 역사와 궤를 같이한다. 국가 간의 영토 분쟁은 인류가 태초에 생겨나면서부터 시작된 오래된 다툼이다. 부동산 공부하면 돈이 보인다. 반드시 명심해야 할 구절이다.

투자의 귀재는
투자 타이밍이 만든다

세계 3대 투자자인 짐 로저스의 얘기를 한 번 더 하자. 한국이 다이나믹하지 않은 이유는 고질적인 저출산 문제로 인한 노동력 감소라고 말한다. 재정 파탄이 머지않은 미래에 일어날 것이며, OECD 평균을 상회하는 막대한 가계 부채로 인한 높은 이자율 부담이 경제에 부담을 주고 있고, 청년 실업과 또한 청년들이 선호하는 직업이 공무원이며 공무원이 되겠다고 도서관에서 하루 15시간을 공부하는 것은 너무나 시간 낭비 요소라고 지적하고 있다. "만약 도서관이 아닌 실리콘 밸리에서 하루 15시간 연구에 매달린다면 충분히 성공하리라 확신한다"고 한다. 빌 게이츠나 호나우두 같은 축구 선수가 되겠다거나 혹은 실리콘밸리에서 성공한 사업가가 되겠다는 것이 아니라, 안정된 삶을 추구하기 위해서 공무원이 되겠다고 하는 나라는 전세계에서 한국이 유일하다고 한다. 짐 로저스는 한국과 미국의 2030 세대들이 코로나로 인해 저평가된 주식을 '묻지마 투자'로 투자하는 한국의 주식 투자 패턴인 동학 개미 운동과 미국의 로빈후드 운동을 비판했다. "자기들이 뭘 하는지도 모르는 채 투자하는 행위는 늘 안 좋게 끝이 났다."고 하며, "지금의 무모한 투자는 중앙은행의 통화 양적 완화 정책을 통한 시중 유동성이 풍부해진 데 원인이 있다고 했으며 자신은 모르는 곳에는 투자하지 않는 것을 투자의 원칙으로 삼고 있으며 백신에 대해 아는 게 없어서 투자하지 않는 것이다."라고 말했다.

투자의 귀재라는 닉네임이 괜히 붙은 이름은 아닐 것이다. 항상 투자는 대중과 반대로 움직여야 한다는 것이 나의 지론이다. 대중이 좋다고 몰려가는 곳에는 틀림없이 상투가 될 게 뻔하기 때문이다. 지금처럼 불확실한 시대는 돌다리도 두드리는 신중한 보수적인 투자가 요구되는 시점이다. 그렇다. 나 역시 잘 모르는 곳에는 투자하면 안 된다는 것이 철칙이다. 주식이 됐든 부동산이 됐든 우리가 생소한 것에는 투자하면 안 된다. 결국은 많은 수업료를 내고 배우기만 할 뿐 성과물은 나오지 않기 때문이다.

먼 친척 중에 40대 중반 남자 K가 있다. 그는 지방 대학을 우수한 성적으로 장학금을 받으며 입학했지만 1년 만에 자퇴하고 서울에 있는 명문대를 갔다. 시골에 사시는 부모님으로서는 농사를 힘들게 지어서 자식을 유학 보내는 일이 쉽지만은 않은 일이었지만 똑똑한 아들 덕에 서울 구경도 한다며 잔뜩 기대에 부풀어 있었다.

애지중지 아끼던 아들이 마침내 졸업하고 그때 당시 사회적 분위기가 공부 좀 했던 사람들은 다들 한 번씩 도전해보는 코스인 행정고시 시험 준비를 하기 위해 고시원에 입성해서 나름대로 공부했다고 한다. 그렇지만 1년이 3년이 되고 5년이 속절없이 흘러갔다. 급기야는 매너리즘에 빠지게 되고 자신도 모르게 그런 생활이 몸에 익어버려 더는 고시원을 떠나서는 살 수 없는 고돌이가 되어버렸다. 시골에 사시는 부모님의 실망은 말할 것도 없고, 급기야 오매불망 뒷바라지를 아끼지 않으시던 어머니가 갑자기 돌아가시고 나서 아버지는 더는 지원할 뜻이 없음을 통보했고, 지금은 혼자 알바를 하며 삶을 이어가고 있으며 재기를 노려보지만 쉽지는 않아 보인다.

모든 것은 때가 있다. 그때를 놓쳐버리면 대가를 혹독하게 치러야 한다. 길을 잘못 들었으면 빨리 오던 곳으로 되돌아가서 어디부터 잘못되었는지 뒤돌아봐야 한다. 그리고 전열을 가다듬어 다시 출발하면 된다.

부동산 투자 지금 해도 늦지 않다

늦은 때란 없다. 학창 시절에 꽤 똑똑하단 소리를 듣던 인재들이 왜 그렇게 비생산적인 세월을 보내는지 실로 안타깝다. 공무원이 철밥통이라고 생각하는가? 공무원 연금이 국민연금과 통합될 수도 있다. 그 어떤 상황도 예상할 수 없다. 안정적인 직업이긴 하지만 큰 변화가 없는 평범한 생활이라는 걸 알아야 하며 공무원 봉급으로는 절대로 부자가 될 수는 없다. 공무원도 어차피 60세에 퇴직하게 되면 제2의 직업을 만들어 생활해야 한다. 그렇지 않으면 길고 긴 여생을 놀며 살아갈 수는 없다.

AI 시대에는 그 누구도 장담할 수 없다. 어떤 직업이 살아남고, 어떤 기업이 10년 후에 생존할지는 아무도 모른다. 부딪쳐야 한다. 그래서 사회가 얼마나 어려운지 얼마나 냉정한지, 돈 벌기가 얼마나 어려운지 몸소 체험하고 실패하고 문제점을 찾고 개선하면 된다. 처음부터 완벽한 인간이란 없다. 금융 공부 한 번 한 적 없는 우리가 어떻게 돈을 알겠는가. 실패에서 교훈을 얻고 금융 지식을 차곡차곡 쌓아가야 한다. 학창 시절 공부를 잘했던 그런 인재들이 스타트업(Startup) 기업에 열정을 올인하게 되면 얼마나 국가적으로나 개인적으로나 이득일까? 생각의 변화가 필요하다.

대한민국을 살린 투자

대한민국을 살린 투자로 삼성 반도체를 한번 돌아보자. 반도체의 신화로 불리는 삼성 반도체는 반도체 불모지인 대한민국에 미래를 내다본 선대 회장님이신 이병철 회장님의 혜안이 없었다면 지금의 삼성 반도체는 탄생하지 않았을 것이다. 선대 회장님의 결단과 판단이 지금의 삼성을, 지금의 대한민국을 부국 과학 첨단 기술국으로 우뚝 설 수 있도록 만든 탁월한 투자 판단이라고 믿어 의심치 않는다.

이병철 선대 회장님이 작고하시고 유지를 받들어 이건희 회장님이 바통을 이어받아 지금의 삼성 반도체를 건설하는 중추 역할을 하였다. 2017년 삼성 반도체는 반도체의 거목인 미국의 인텔을 제치고 세계 1위의 반도체 업체가 되었다. 반도체 산업에 뛰어든 지, 34년 만의 쾌거이다. 나는 이건희 회장님의 1993년 '독일 프랑크푸르트 선언'을 생생히 기억한다. 마누라와 자식 빼고 다 바꾸자던 이건희 회장님의 뚝심 경영 철학은 반도체 불모지 한국에서 결국 지금의 삼성을 있게 만든 원동력이 되었다는 사실은 그 누구도 인정하지 않을 수 없다. 직원 36명에서 31만 명의 글로벌 6위의 거대 IT 기업으로 성장했고 세계 12위의 경제 대국 대한민국의 한 해 수출액의 22%가 삼성전자 단일 기업에서 올리는 성과다. 삼성의 역사는 대한민국의 역사가 되었고 내가 어릴 때 먹을 것이 없어서 다음 날 먹을 거리를 걱정하던 나라에서 당당히 선진국 대열에 들어선 대한민국의 역사와 궤를 같이한다. 끝없는 변신과 혁신의 결과이다. 생텍쥐페리의 명언인 "완벽하다는 것은 무엇 하나 덧붙일 수 없는 상태가 아니라, 더는 뺄 것이 없을 때 이루어지는 것이다."라는 말을 명심해야 한다. 변화와 혁신으로 내부 구조를 플렉서블(Flexible)한 상태로 유지해야 하는 것은 내부를 외부 환경 변화에 능동적으로 대처할 수 있는 통찰력 있는 상태로 만들어야 한다는 의미이다. 삼성이 세계 일류가 된 것은 바로 이러한 혁신과 개혁 속에서 가능했음은 두말할 나위가 없다. 필자는 지금의 초일류 삼성의 기반을 닦으시고 작고하신 삼성의 창업주이신 이병철 선대 회장님과 세계 초일류기업으로 만들어 놓고 심장병으로 투병하시다가 얼마 전 작고하신 이건희 회장님에게 다시 한 번 감사의 말씀을 드리는 바이다.

부동산에서의 투자 역시 타이밍이 중요하다. 내가 좋다고 생각하는 투자 물건은 남에게도 좋은 물건이기 마련이다. 준비되어 있지 않으면 결국 그 물건은 준비된 사람을 찾아간다. 준비하고 기다리는 사람에게만 좋은 기회가 돌아간다. 부동산 투자에도 분명 골든 타임이 있다.

작년과 비교해 올해는 약 10%의 부동산 가격 상승이 있었던 것 같다. 그러나 부동산도 천편일률적으로 가격이 상승할 수는 없다. 입지가 좋은 부동산 특히 토지의 경우 도로 사정이 좋은 토지가 결국은 많이 올랐다. 도로가 없는 맹지이거나 혹은 도로 폭이 좁은 토지는 상승 폭이 미미하거나 제자리걸음이다. 부동산 투자 역시 서울과 수도권에서의 입지 좋은 아파트만큼이나 똘똘한 부동산은 그만큼 상승 폭이 크다.

평생 수익이 창출되는
부동산 재테크

지금 우리는 4차 산업혁명이라 불리는 급변하는 시대에 살고 있다. 구시대의 소중한 가치들이 맥없이 무너져 내리고 온갖 정보들을 돈 한푼 들이지 않고 얻을 수 있다. 고급 정보들이 넘쳐나고 있지만 좋은 정보를 지식으로 전환시키지 못하는 이유는 바로 경제에 대한 무지에서 기인한다. "과거에서 배우지 못하는 자는 과거를 반복하는 운명에 처한다."라는 말이 있다. 미래를 예측하고자 한다면 과거를 연구해야 한다. 어차피 미래는 과거의 리사이클(Recycle)이기 때문이다.

처음 분당 신도시가 들어서고 분당 79㎡ 아파트 분양 가격이 5천만 원이 안 된 것으로 기억하고 있다. 지금은 10억 정도 하니 30년 만에 20배가 넘게 올랐다. 부동산 가치는 점점 상승하고 있고 이제 월급을 모아서 집을 살 수 없는 시대가 되었다. 부동산을 통하지 않고서는 절대로 부를 창출할 수가 없다. 부동산에 대해 무지하고서는 부를 논하지 못하는 시대에 살고 있다.

손님 중에 특별한 인연이 있다. 50대 후반의 남자 사장님으로서 사모님을 먼저 알게 되었고 나중에 남자 사장님을 알게 되었다. 필자와는 동향이어서 금방 친해질 수 있었는데 사모님이 독특한 종교를 포교하기 위해 우리 사무실을 방문하게 되었고 나 역시 크리스천이었기에 정중히 거절하게 되었지만, 그 뒤로는 사적인 일로 자주 들르시고 나 역시 사장님 공장을 방문하게 되면서 친하게 지내게 되었다. 성남에서 골프채를 만드는 공장으로 처음에는 친구 공장 옆에 구석진 곳 한 칸을 빌려서 제조업을 시작하셨다고 한다. 어릴 적에 아버님이 돌아가시고 쌀이 없어서 어머님이 먹을 거리를 항상 걱정하시고 보리밥에 쌀알이 한 알도 들어가지 않은 밥을 물에 말아 먹으면서 자신의 신세 한탄을 참 많이도 하시고 울기도 많이 우셨다고 한다. 많은 어려움을 겪고 남의 집에 기술 조수로 허드렛일부터 시작해서 어깨너머로 차츰 기술을 배웠다고 한다. 그 당시에는 임금이 정해진 게 아니고 먹여주고 재워주면 감지덕지하면서 기술을 배웠던 시절이었다.

그렇게 어려운 시절을 견디면서 사장님의 나이가 24살에 사모님을 만나게 되었고 단칸방에서 신혼살림을 하시면서 참 악착같이 일을 하며 돈을 모았었고 결국은 경기도 광주에서 공장을 크게 운영하시다가 그 공장을 매도하고 일부는 임대업으로 월세를 받으면서 경제적인 어려움 없이 살고 계신다. 지금은 두 분 부부가 경남 남해 바닷가 경치 좋은 곳에서 사모님과 편안한 여생을 보내고 계신다. 이렇게 부동산으로 현금 흐름을 만들어놓으신 분들은 노후가 아름답다. 그렇지 못한 분들은 상대적으로 얼마나 힘들겠는가. 무조건 부동산 투자를 해야 노후가 풍요롭다는 얘기는 아니지만, 부동산만큼 리스크(Risk)가 적은 투자도 없다는 뜻이다. 보유하면서 임대 수익을 올릴 수 있고, 처분하면 시세 차익도 내다볼 수 있는 부동산은 굉장히 좋은 실물 자산 중에서 안전 자산이다.

나는 돈에 대한 우리들의 막연한 생각을 바꿔야 한다고 생각한다. 돈에 대해 무지했던 과거를 반성하고 철저히 연구하고 공부해서 돈을 존중할 줄 아는 삶으로 우리를 변화시켜야 하며 부자들의 생각과 사고방식과 그들의 행동 양식, 라이프 스타일(lifestyle)도 철저하게 벤치마킹(Bench Marking)해서 자신의 것으로 업그레이드(Up-Grade)해야 한다. 부자가 되고 싶다고 말은 하면서 아무런 행동을 하지 않고 막연하게 생각만 해서는 절대로 부자가 될 수 없다. 시중에는 너무나 많은 부자 되는 방법을 다루는 서적으로 넘쳐나고 정보도 넘쳐난다. 강연과 세미나 등 우리가 배우고 싶은 것들을 취사선택해서 결정하면 된다. 그리고 한 가지 더할 것은 매사에 넘쳐나는 열정이다. 열정이 없으면 어떠한 일도 발전이 없다. 의지에 열정을 더한다면 결과는 상상을 초월할 정도로 상향 조정된다.

재테크 고수의 투자법

손님으로 알고 지낸 지가 10년 가까이 된, 부동산에 대해 아주 밝은 고수이신 나이가 70이 넘으신 남자 어르신이 계신다. 처음에 필자에게 땅을 사서 직접 개발하여 공장을 지어서 임대하고 몇 년 지나면 매도하고 또 싼 땅을 매입하여 개발하는 일을 반복하신다. 젊은 시절에는 제조업을 하시고 지금은 제조업보다는 부동산을 개발하는 디벨로퍼(Developer)가 당신 적성과 맞는다고 하신다. 지금은 제조업이 경쟁도 치열하고 인건비가 많이 올라서 재미가 없다고 하시면서 이윤으로 봐도 부동산 개발이 훨씬 낫다고 하신다.

지금 연세에도 불구하고 공사를 꼼꼼히 챙기시고 직접 인부들을 부리시고 일도 하시면서 공사 감독을 직접 챙기신다. 설계 사무소에서 도면을 직접 컨트롤(Control)하시고 공사 업체도 직접 섭외하시고 인부들 성향 파악도 직접 하신단다. 그래야지 혹시나 있을 인사 사고에 대비해서 철저히 준비할 수 있기 때문이라고 하신다. 부자는 괜히 되는 게 아니다. 철저하게 분석하고 혹시나 생길 수 있는 변수까지 고려하고 그것에 대한 적절한 대처 방안 매뉴얼(Manual)까지 마련해놓고 일을 추진하신다. 단순한 산술 평균값보다는 변수까지 고려한 기하 평균값을 원한다. 실패할 수도 없고 하더라도 데미지(Damage)를 최소화할 수 있기에 그렇다는 것이다. 지금은 큰아들이 아버지의 일을 배우시고 직접 투자하시고 있다. 아버지이신 스승님의 철저한 가르침으로 무장하였기에 점점 눈에 띄게 좋아지고 있다. 부동산이란 아버지가 아들에게 전수하는 사업이며 자칫 잘못 투자했다가는 금전적 손해와 정신적 손해가 막심한 사업이다. 부동산의 특성이 단기간에 승부를 낼 수 없는 사업이다.

이수영 광원산업 회장이 카이스트에 3번에 걸쳐 총 766억 원을 기부했다. 1980년대 해직 기자 출신으로서 당시 퇴직금 500만 원으로 일부 융자받은 돈을 보태어 트랙터를 사들였다고 한다. 기자 생활할 때 농장 체험을 해 본 터라 퇴직금으로 농장을 만들고 목장 규모가 돼지 2마리가 전부였으나 목장 규모가 점점 커져 급기야 돼지가 1,000여 마리에 이를 정도로 규모를 키웠다고 한다.

낙농 사업으로 종잣돈을 만들어 여의도가 개발되기 전에 백화점을 경매 받아서 본격적으로 임대업을 시작하게 되었다. 처음 경매 받을 당시만 해도 여의도는 주위에 아무것도 없는 황량한 불모지였으며 많은 사람이 회장님의 경매 참여에 회의적이었다고 하지만, 결과적으로 그 선택이 광원산업이 도약하는 결정적인 계기가 될 수 있었다. 쓸모없다고 버려놓은 하천부지를 매입해서 당시 건설 붐에 힘입어 모래 채취 사업으로 큰 돈을 벌었다고 한다. 회장님의 하천 모래는 알이 굵어서 콘크리트 재료로는 탑(Top)이었다고 한다.

이수영 회장의 말이다.

"부자는 첫째 근검절약해라. 둘째는 기회가 왔을 때 꽉 움켜잡아라."

이수영 회장은 목숨과 관련된 일에는 절대 돈을 아끼지 않는다고 한다. 이렇게 힘들게 평생을 바쳐 벌게 된 재산을 국가를 위해 공익을 위해 기꺼이 기부한 큰 어른이셨다. 부동산 투자가 없었다면 지금의 광원산업은 존재하지 않았을 것이다. 모든 사업의 근간은 부동산 사업이다. 부동산 사업은 국토를 관리하고 개발하며 모든 산업의 기반이 되는 기간 산업임이 틀림없다.

동네 부동산 공인중개사와 친하게 지내라

부동산은 고가이기에 아무에게나 물건을 내돌리지 않는다. 믿을 만한 신뢰할 만한 사람에게 일단 물건을 위탁한다. YG의 양현석은 빌딩을 사기 위해 매일 부동산 사무실에 찾아가서 중개사와 무려 7년간 김치찌개를 먹어가면서 서로 인간적인 신뢰를 쌓아나갔다고 한다. 대단한 정성이다. 그렇지만 그렇게 해서라도 수억 원을 세이브(Save) 할 수 있다면 충분히 감수해야 할 부분이다.

손님 중에 70대 중반 어르신이 계시는데 서울에서 집 장사로 돈을 많이 벌었던 분이다. 젊어서 건축일을 하셨기에 건축 전반에 대해 모든 걸 꿰뚫고 있는 분이시고 당신의 땅 약 800여 평이 있는데 맨 토지 상태로 매도하실 건지 아니면 건축을 해서 팔 것인지 나에게 상의를 해오셨다. 어르신이라 건축일이 쉽지는 않을 것 같아서 망설였지만, 공장을 건축해서 임대 사업을 하시면서 노후 자금으로 월세 받으면서 생활하시는 게 좋을 것 같다고 판단하여 조언을 해드렸다. 몸이 불편하셔서 한의원에 가시려면 우리 사무실을 거쳐야 하기에, 사무실에 가끔 들르시면 다리가 불편한 관계로 항상 댁까지 모셔다드리곤 했다. 시공사를 잘못 선택하시는 바람에 건축 일정이 많이 딜레이(Delay)되었고 어르신 마음 고생도 많으셨다. 그런 과정을 옆에서 지켜보면서 내심 안타까웠었는데 도로에서 가까운 어르신의 공장은 건축 초기부터 인기가 좋아서 임차인들과 인근 중개업소 관심의 대상이었다. 그래서 많은 사람이 찾아와서 계약을 종용했지만, 어르신은 우리 중개업소를 거치지 않으면 절대 계약하지 않겠다고 천명하셨다고 하니 나는 얼마나 감사한 일인지 모른다.

손님과의 유대 관계를 평소에 잘 맺어놓으면 부동산은 고가이기에 아무한테나 매도나 매수 의뢰를 하지 않는다. 나 역시도 좋은 물건은 내가 평소에 염두에 두고 있는 분에게 먼저 전화로 연락을 드린다. 우리가 값이 나가지 않는 생필품도 잘 아는 지인에게 사고, 파는 게 우리네 정서이고 상식이다. 하물며 부동산과 같은 고가의 물건은 말할 나위도 없다.

집을 꼭 팔아야 하실 분들은 박카스 한 박스 사서 이웃 중개업소에 찾아가서 사정 얘기하고 꼭 좀 부탁한다고 하면 만사 제쳐놓고 그 집부터 팔아주려고 애를 쓸 것이다. 한여름 더위에 지쳐 있는 나른한 오후에 수박 한 덩이를 들고 필자의 사무실로 찾아온 중년 여인이 있었다. 자기 공장이 좁아서 이웃집 공장을 임대로 쓰기로 했는데 만약에 임대인이 임대 시세를 물어온다면 시세보다 싸게 얘기해달라고 부탁을 하면서 구체적인 액수까지 못 박으면서 수박을 놓고 가는 것이다. 그다음 날 오전에도 찾아와 그 전날과 똑같은 부탁을 하며 영비천 한 박스를 놓고 가는 것이다. 외면할 수 없는 상황이었다. 다행히 나는 그 임대인과 잘 아는 사이로 그 사장님이 공장을 충북 음성으로 이전한다는 얘기를 들었고, 당신이 사용하던 공장을 임대 놓고 이전하기로 하였다고 한다. 정말로 그날 오후에 임대인 사장님이 와서 시세를 물어보길래 그 여자가 부탁한 금액을 제시했고 그 사장님은 좋은 게 좋은 거라면서 내키지는 않았지만 내가 부탁에 가까운 얘기를 진지하게 하니 알았다며 돌아섰고 나중에 들은 얘기로는 그 여사장님 뜻대로 그 가격에 임대했다는 것이었다.

그 여사장님은 대단한 대인 관계의 수완을 보여주었다. 다른 사장님들도 고전하는 하기 힘든 사업을 이 불황에 이겨내고 더군다나 자신의 사업체를 동종 업계에서 가장 우량 기업으로 키우고 있다. 작년에는 사옥을 지어서 이전까지 한 걸 보면 다 우연의 일치가 아니었다는 생각이 들었다. 나 역시 그 여자 사장님을 보고 한 수 배웠다.

개발업자 중에 40대 후반의 남자 J가 있다. 그는 시골에서 부모님을 모시고 살면서 결혼을 하고 행복하게 살았다고 한다. 그러나 아내가 불임으로 고생을 했고 부부 사이의 갈등이 결국 이혼 상황으로 가서 결혼 생활은 막을 내리게 되었다. 얼마 후 아버님이 돌아가시고 얼마 지나지 않아 어머니마저 세상을 등지고 말았다. 모든 게 자신의 잘못인 양 괴로워했고 술로 삶을 이어갔다. 그러다 누나와 가족들의 도움으로 삶을 추스르고 남은 전답을 정리하고 현재는 부동산 개발업자로 건강한 삶을 살고 있다. 올봄으로 기억한다. 우리 사무실에 와서 공장 지을 땅을 찾기에 조금 기다리다가 자신이 좋아하는 땅을 찾아주었고 급기야 초고속으로 공장을 건축해서 매도하고자 했다. 그러나 욕심은 항상 화를 불러온다. 조금만 남기고 팔아야 함에도 아직 오지도 않은 미래의 값을 받으려고 많이 올려 부른다. 그러니 공장은 나가지도 않고 J는 조급한 성격이어서 경기도 광주 시내 중개업소마다 돌아다니면서 물건을 내놓고서 매매되기만을 애타게 기다렸다. 사실 매매가가 비싸서 매도되지 않으니 값을 내리라고 조언했고 그런 다음에 한참 지나서 값을 내렸다. 아니나 다를까 얼마 지나지 않아서 물건이 팔렸다. 결국, 문제의 핵심은 욕심이다. 욕심을 내려놓고 매도를 해야 자신이 원하는 목적을 달성할 수 있고 중개업소에 홍보하지 않아서 안 팔리는 것이 아니다. 나는 싸고 좋은 땅이 나와도 J에게는 말하지 않을 공산이 크다.

매도 테크닉

보통 매도자들이 이자 비용도 만만찮게 들어가니 자신의 매물을 빨리 매도하고 싶은 마음에 동네방네 물건들을 내놓는 경우가 있는데 자신의 매물이 저렴하고 좋은 물건이면 금방 매도된다. 매도하고자 할 때는 자신의 매물 근처 부동산에 의뢰해야 빨리 매도된다. 근처에 어떤 부동산이 소문이 좋고 예의 바르며 실력 있고 더불어 프로 기질이 있는지를 간파하고 한두 곳을 찍어 매물을 의뢰해야 한다. 그러면 중개사들은 서로 물건을 공유하기 때문에 여러 군데를 돌아다니며 발품을 안 팔아도 된다. 나갈 때는 꼭 이 말을 덧붙여야 한다. 다른 데 물건을 안 내놓고 여기만 내놨으니 반드시 해결해달라고 하고 수수료는 넉넉히 챙겨 줄 테니 능력을 믿는다고 하고는 부동산 사장님이나 직원의 사소한 신상 자랑을 함께 곁들인다면 괜히 그 손님에게 우호적 친근감이 생겨서 꼭 도와줘야 하는 사명감 같은 것이 생긴다.

사람은 감정의 동물이다. 꼭 뇌물을 받아서 해줘야 한다는 것이 아니라 인간 관계에서 중요한 선물은 값의 많고 적음을 따지지 않더라도 사람의 마음을 움직이는 동인이 되는 것은 분명하다.

칭찬하면 고래도 춤을 춘다고 하지 않은가. 우리는 칭찬과 인정에 너무 인색하다. 이제부터라도 돈 안 드는 립서비스를 상대방이 흡족할 때까지 남발하자. 눈치채지 못하게 은근히 칭찬하는 기술은 아주 중요한 대인 관계에서 없어서는 안 되는 고도의 기술이다. 분명히 대가가 돌아온다. 사람에게 인정과 칭찬은 최고의 위로이다. 둔탁한 기계의 윤활유 같은 역할이 인정이며 칭찬이다. 상대방의 아주 작은 소소한 것도 인정해주고 칭찬을 아끼지 말아야 한다. 손님 중에 제일 진상인 손님은 거만한 손님이다. 강남에 빌딩이 있다고 허세를 떨며 하는 말을 누차 반복해서 강조하는 사람은 사실은 빈털터리일 소지가 다분하다.

진짜 부자는 절대 자랑하지 않는다. 돈 자랑, 자식 자랑, 마누라 자랑은 팔불출이라고 하지 않은가. 실제 부자들은 돈 자랑을 하면 여기저기 빌려달라는 사람이 많아서 절대 자랑을 하지 않는다고 한다. 세상이 험하니 돈 자랑은 위험하다는 것이 그들의 생각이다. 허세를 떠는 사람은 진정성이 없어 보여 그 사람의 말을 신뢰할 수 없다. 모름지기 사람은 남에 대해서 아무리 친해도 공경하고 존중하는 마음을 가져야 하고 존경하는 마음과 사랑하는 마음은 언제나 같이 간다. 비록 그가 밉더라도 그의 장점만은 인정해주어야 한다. 매너(Manner) 좋은 사람이란 바로 아름다운 행동을 상대방에게 표현하는 삶의 방식이다. 윗사람을 대하든 아랫사람을 대하든 한결같은 사람을 대중들은 좋아한다.

발품과 손품,
정보력은
투자의 기본이다

부동산 투자에서 정보력과 발품은 항상 한 몸처럼 세팅(Setting)되어 있다. 요즘은 여기에 손품까지 더하여 웹상의 강자가 되는 것이 투자의 달인이 되는 지름길이다. 정보력은 항상 정부의 부동산 정책에 의하여 좌지우지되었다. 그럼 우리는 지금 부동산 정책의 기조가 어떻게 흘러가고 있는지를 감지해야만이 앞으로의 부동산 흐름을 예측할 수가 있다.

최근의 부동산 정책이 부동산 시장 활황을 통한 경기 부양보다는 서울 및 수도권의 집값을 잡아 서민의 주거 안정을 도모하겠다는 기조를 확고히 하고 있다. 실수요자는 보호하되 단기 투기 수요를 억제하여 주택 안정화 방안을 모색하고 세부 실천 사항으로는 다주택자에 대한 세금 중과와 대출 규제 등을 내놓았다. 무주택자들에게는 청약 제도를 강화해 주택이 우선하여 공급될 수 있도록 했고 오피스텔(투기과열지구)마저 소유권 이전등기 시까지 전매를 제한했다.

2020년 7월 〈한국감정원〉 제공

부동산 가격의 양극화

서울 집값이 급등하면서 지방과의 격차가 점점 더 벌어지는 것으로 나타났다. 이른바 양극화 현상은 더욱더 심화되는 실정이다. 서울에서 서초구의 주택 매매 평균 가격이 17억 원을 이미 넘어섰고 다음이 강남구이고 용산구에 이어 송파구, 종로구, 광진구 순이다. 광진구도 2020.08 현재 평균 매매 가격이 10억을 넘어섰다. 최근 세종시 집값 역시 가파르게 상승하면서 경기도를 넘어섰다. 상황이 이렇다 보니 전부 마음이 급하다. 지금 집을 마련하지 못하면 영원히 못할 것 같은 생각에 30·40 세대들이 집을 마련하기 위해 조바심 요동을 친다. 강북 지역의 '노·도·강'(노원, 도봉, 강북구)도 강세다. 이럴 때는 조금 투자 열기를 식히고 시장을 냉정하게 바라보자. 남들이 다하는 투자는 상투이기 쉽다.

이렇게 매매 가격이 상승하다 보니 전세금이 동반 상승했었고 정부의 주택 정책으로 인해 매매가 얼어붙었다. 갭투자했던 일부 투자자들의 주택이 세금 중과로 인해 매물이 나오지만, 시장에서는 대기 수요도 만만찮아서 매물이 소진되는 데 오래 걸리진 않는다. 지방에서는 역전세가 우려되는 현상이 일어난다. 전세금이 매매 가격을 추월하는 기이한 현상도 일어났고 급기야 주택도시보증공사 허그(Hug)가 지난 5년간 대위 변제해준 전세보증금만 6,494억 원이나 된다. 7·10대책으로 임대사업자 보증보험 의무화가 도입돼 향후 이러한 대위 변제 건수는 폭발적으로 증가할 것으로 예상된다.

대학원 동기였던 U는 나이가 50대 후반의 여자이다. 젊어서 남편의 외도로 인해 이혼하게 되었고 이혼 당시 U의 나이는 30대 중반이었다. 참으로 아까운 나이였고 홀로 두 아이를 참 억척스럽게 키우고 있었다. 얼마 후에 두 남매가 성장하고 나서는 자녀들의 동의를 얻어 성도 엄마의 성으로 개명했다. 전 남편에게서 재산 분할은 거의 없었고 당장 먹고살 일이 막막했다고 한다. 안 해본 일이 없었고 화장품 외판원과 옷가게 점원 등 돈 되는 일은 닥치는 대로 했다. 다행히 공인중개사 자격증을 틈틈이 공부해서 따놓았는데 그것을 계기로 부동산에 눈을 뜨게 되었고 주위 분들에게 평이 좋아 중개사무소는 날로 바빠지게 되었다. 결국 부동산 투자 소득과 중개사무소를 운영하는 근로소득을 병행하며 단시간에 많은 돈을 모을 수 있었다. 부동산 투자 종잣돈을 모으려고 남매를 데리고 지하 단칸방 월세가 조금이라도 싼 방으로 전전하며 그 돈으로 투자를 했다. 투자는 소형 빌라와 상가 분양권 등 가리지 않고 투자를 한 끝에 지금은 진정한 경제적 자유인으로 살아가고 있다.

그녀는 종잣돈을 만들기 위해서 노력했지만, 투자 금액이 모자라면 돈이 많은 지인이나 친구들에게 부탁하여 공동 투자하는 형식을 빌리든지, 친오빠와 동생의 도움을 받았다고 한다. 이처럼 생각했던 바를 이루기 위해서는 손품 발품은 물론 인간관계의 끈 등 무조건 목적 달성을 위한 지렛대로 활용했다. 지금의 경제적 여유는 그냥 가만히 얻어진 것이 아니었다. 현재 그녀의 장녀는 국제 결혼을 하여 잘 살고 있다. 그녀의 가족 친지들만 초청하여 조촐한 결혼식을 하였다. 그리고 그녀의 신념은 확고하다. 항상 "부동산은 거짓말을 하지 않는다."였다. 자신의 노력과 열정에 정직하게 대접하는 것이 바로 부동산이라고 입버릇처럼 말을 한다. 그녀의 장녀도 지금은 부동산 대학원을 졸업하고 공인중개사의 길을 걷고 있다. 자신의 길이 올바른 길이 아니면 자신의 자녀에게 승계해 줄 리가 만무하다. 그녀 장녀의 결혼식이 조촐하게 치러진 이유는 국제 결혼인 까닭도 있지만, 그녀가 항상 강조하는 말은 결혼식의 본질은 신랑 신부가 만나 행복하게 결혼 생활을 하는 의식으로서의 그 이상도 그 이하도 아니라는 것이다. 그런데 그런 의식이 너무 낭비 요소가 많은 것은 자칫 결혼 초기 생활에 짐이 될 수 있다는 생각이다. 나 역시 동감이다. 스몰웨딩(Small Wedding)은 나의 오랜 원칙이다. 이러한 생각에 동조하는 젊은 세대가 많이 나와야 우리 사회가 건강한 사회로 나아갈 수 있다.

너무 겉치레를 중요시한 나머지 정말 중요한 것을 낭비하는 경우가 종종 있다. 결혼 재테크의 시작은 바로 결혼 비용 아끼기이다. 인생에 한 번뿐인 결혼식이라고 할 수도 있겠으나 인생의 한 번뿐인 첫 내 집 마련의 시기가 늦어지면 돈이 점점 더 많이 들어가야 할지도 모른다. 결혼 초기는 정말 아끼고 절약하여 아기가 태어나기 전까지는 돈을 악착같이 모아야 한다. 그렇지 않으면 내 집 마련은 점점 멀어질 수 있다는 것을 젊은 사람들은 기억해야 한다. 세대수의 증가로 인해 당분간 서울의 집값은 급격하게 추락할 것 같지는 않다. 그렇지만 저출산 고령화와 경제 인구의 감소는 향후 부동산 시장에 어떤 형태로든지 영향을 줄 수 있음으로 거시적인 측면에서 내다볼 수 있는 안목과 아울러 내가 가지고 있는 돈과 경제 상황에서 모든 노력을 기울여 경제적 자유인으로 살 수 있는 독자들이 빨리 되기를 갈망해본다.

이거다 싶으면
바로 행동에 옮겨라

　우리는 지금까지 돈 관리를 통해서 종잣돈을 만들어 돈이 나오는 부동산 현금 흐름을 창출하기 위한 모든 방법을 알아보았다. 부자들은 돈을 위해 일을 하지 않는다. 하지만 돈이 당신을 위해 일을 하기 전까지는 열심히 돈을 위해 일을 해야만 한다. 돈이 나를 위해 일을 할 때 비로소 우리는 근로소득을 줄이고 자산(금융) 소득으로 소득원을 옮겨가면 된다. 자산소득이 소비보다 많으면 자연스럽게 경제적 자유인이 되는 것이다. 자산을 축적하기 위해서는 더 많이 벌고 덜 쓰는 소비 구조로 가야 한다. 돈 많은 부자는 돈을 아껴 쓰는데, 돈 없는 사람들이 많이 쓰면 어찌 되겠는가. 오늘 벌어 오늘 먹고 살기 바쁘고 내일 먹을 거리를 걱정하는 삶은 분명히 가난하게 사는 삶이다. 가난한 사람들은 내일 먹을 것이 마련되면 힘들게 일을 하지 않으려는 특성이 있다. 그때 가서 결정하자는 식이다. 힘들게 일하고 값없이 쓰고 만다. 그렇게 평생을 힘들게 일하면서 보낸다. 부자들은 근로소득을 통해 종잣돈을 열심히 만들고 투자한다. 그리고 평생을 놀고 즐기면서 여생을 보낸다. 그 간단한 원리를 깨닫느냐 깨닫지 못하느냐는 엄청나게 큰 결과를 가져온다.

가난한 사람들은 대부분 약속도 소중하게 생각하지 않는 경향이 있으며 좋은 말을 해주면 자신이 다 알고 있다는 듯이 말을 한다. 자기의 생각이 절대 틀리지 않으며 옳음을 애써 증명하려 하고 자신은 단지 상황이 좋지 않고 운이 나쁘다거나 혹은 시스템(System) 탓으로 돌리고 변명거리를 찾기에 바쁘다. 부자들은 내일을 위해 종잣돈을 벌려고 일을 하고 모은다. 부자들은 사소한 약속도 반드시 기억한다. 약속 장소에 늦지 않으려고 노력한다. 가난한 사람은 약속 시각에 나타나지 않아서 전화하면 깜박했다는 변명을 많이 하곤 한다. 사소한 것에서부터 부자와의 마인드 자체가 틀리다. 자기의 생각이 잘못됐다는 사실을 인정하고 부자가 아니라면 전부 바꿔야 한다. 자신이 부자가 아니라면 자기의 생각이 틀렸다는 것이고 전부 아는 것이 아니라 전부 모르는 바보 천치의 삶을 살았다는 것을 인지해야 한다. 부자의 생각과 부자의 행동으로 나를 진화시켜야 한다. 그러면 부자 되기는 점점 현실화하여 부자가 되는 시기가 당겨질 것이다.

부자가 되는 선결 과제는 우선 목표가 뚜렷해야 한다는 것이다. "단순히 부자가 되겠다"라는 생각만으로는 부족하고, 구체적으로 언제까지 얼마를 벌겠다는 구체적인 목표 설정이 최우선으로 고려되어야 한다. 그다음으로는 하루에 한 번씩 눈으로 보고 다짐을 통해 내 생각을 확인하는 것이다. 시각화는 꿈을 실현하는 데에 대단히 중요한 단서이다. 부자가 되는 길은 결코 쉽지도 편하지도 않다. 분명히 힘들고 괴로운 여정이다. 편안한 삶을 원한다면 당신은 부자 되기를 그만둬야 한다. 나는 일주일을 아무것도 하지 않고 쉬라고 한다면 굉장히 괴로울 것 같다. 편안한 삶도 계속되면 그것이 편안한 삶인지 불편한 삶인지 구별이 모호해진다. 괴롭지만 어느 시간이 지나면 편안해질 것이다. 괴로운 시간들을 이기고 앞으로 계속 나간다면 분명히 목표에 와 있는 당신을 발견하게 될 것이다.

자녀들을 교육할 때에도 마찬가지이다. 단순히 공부 열심히 해야 한다고 훈육하지 말고 구체적인 목표를 세우게 하라. 어떤 대학에 무슨 학과에 들어가겠다는 구체적인 목표를 설정하고 그것을 글로 남기고 책상 위에 잘 보이는 곳에 붙여놓고 하루에 한 번씩 보고 또 보고 확인하게 해야 한다. 관념으로 남아 있는 것과 시각화로 인해 직접 보는 것은 많은 차이가 있다. 그러면 나의 현재 의식과 잠재의식이 모두 목표를 향해 작동하기 시작할 것이다.

마중물로써 종잣돈 가치

필자는 부동산 중개를 하면서 최소한의 부동산 투자 금액을 1억 원이라고 정의했다. 그 금액은 소형 빌라를 살 수 있는 금액이기도 하고, 수도권에서 갭투자로 소형 오피스텔이나 경기도의 소형 아파트 정도를 살 수 있는 돈으로 보았다. 토지는 가급적이면 투자하지 않는 것이 좋다. 여윳돈이 많고 돈을 장시간 묻어 둘 때만 토지에 묻어두어야 한다. 토지는 현금화가 어렵고 유동성 위험에 노출될 수 있기에 그렇다. 상가 역시 입지가 확실하지 않으면 공실 위험에 취약하며 인터넷 구매가 활성화되는 상황에서 상가는 힘든 투자 대상 중 하나이다. 이렇게 종잣돈을 굴려서 어느 정도의 금액이 모이면 소규모 소매점이나 공장으로 투자 대상을 넓혀가는 것도 좋은 방법이다.

소위 종잣돈 1억 원을 만들기 전까지 모든 즐거움을 일단 유예해야 한다. 그렇지 않으면 평생 가난을 면치 못할 것이다. 아무리 좋은 계획도 생각 속에 머물다가 끝나면 아무런 일도 일어나지 않는다. 간단한 것부터 실천에 옮기자. 차를 할부로 구매하겠다는 계획을 다음으로 미루고 불요불급한 일 외에는 최소한의 소비 생활로 나의 생활 패턴을 개조해야 한다. 우선 종잣돈이 모이면 부동산 투자를 통해서 부자가 되는 것이 현재의 나의 경험으로는 부자가 되는 가장 빠른 방법이다. 시간이 걸릴지도 모른다. 부동산은 단시간에 승부가 나는 자산이 아니다.

대학원 동기 중에 친했던 S가 있다. 고인이 된 그는 지금 60대 초반이 되었을 나이다. 그는 다리가 불편하여 많이 절지는 않았지만 불편하게 걷는 모습이 눈에 보일 정도로 표시가 났다. 그는 IMF 외환 위기 때 많은 돈을 벌었다고 한다. 그 후에 부동산에 투자하여 경기도 용인 지역에서 꽤 많은 토지를 소유하고 있었고 세금 문제로 인해 지인들에게 부탁하여 차명으로 많이 보유하고 있었다. 정확한 액수는 모르지만 작은 액수의 돈이 아니었다. 그런데 어느 늦가을 갑자기 유명을 달리했다. 그때 당시 결혼을 늦게 했던 S의 와이프는 30대 중반이었고 자녀는 딸과 아들이 초등학교에 다니고 있었다. 나는 참 많이도 슬펐다. 나와 인연이 깊은 탓도 있지만, 그의 순탄하지 않은 삶이 참으로 애석하고 덧없었다. 그의 젊은 부인은 그다지 가정적이지 않았으며 평소 그의 집에 가보면 계란 찌꺼기가 눌어붙은 프라이팬을 내가 항상 닦아주곤 했다. 다리가 불편했던 그를 태우고 학교 갔던 기억이 난다.

부동산 투자로 많은 부를 축적하였지만, 불귀객이 된 지금 무슨 소용이란 말인가. 많은 부동산을 차명으로 했던 것을 과연 그 자녀들은 온전하게 상속을 받을 수 있을 것인가도 걱정이었다. 물론 내가 걱정할 일은 아니지만, 그의 죽음으로 나는 한동안 우울한 나날을 보냈었다. 그는 부동산 투자에는 촉이 유난히 발달한 전문가였다. 그러나 그것도 살아 있을 때 얘기다. 부동산이 미망인과 자녀들에게 제대로 상속되었기를 바란다. 우리는 언제 죽을지 모른다. 태어나는 것은 순서가 있지만 죽을 때는 순서가 없다고 하지 않는가. 항상 우리는 예고치 않은 일에 대비해야 한다. 나는 그로 인해 부동산에 대해 눈을 뜨는 계기가 된 것도 사실이다.

부동산 투자는 배워야 한다. 배움에 돈을 투자하는 것은 언제든 회수할 수 있는 아주 우량주임을 명심해야 한다. 에릭 호퍼는 다음과 같이 말했다. "이미 배운 이들은 더는 존재하지 않는 세상을 탐닉하며 자신을 고상하게 여기지만 계속 배우는 이들은 미래를 물려받는다." 배움에 게으른 사람들과 가난한 사람들은 항상 이렇게 말을 한다. "돈이 없어요.", "시간이 없어요.", "다 아는 사실인데요, 뭘." 세월이 지난 후에도 똑같은 말을 되풀이한다. 모든 것은 배움에서 출발한다. 자기 내면에서 일어나는 갈등을 제어할 수 있는 자기 절제가 완성될 때 오늘보다 더 나은 내일이 내일보다 더 나은 모레가 여러분에게 펼쳐질 것이다. 부동산 투자도 부자가 되는 방법도 배워야 한다. 최고의 보상을 받고 싶으면 그 분야에서 당신이 최고가 되면 된다. 당장 실행에 옮겨라!

산업용 부동산이 정답이다!

이제는 우리 50·60세대는 직장에서 은퇴하고 제2의 직업을 가져야 하는 시기이다. 직장이 자신의 인생을 책임져줄 줄 알았지만, 사실은 그렇지 못하다. 국민연금의 개시 시기인 65세가 되려면 인생의 보릿고개가 너무나 길게 느껴지는 것은 나만이 아닌 대부분 은퇴자가 공감하는 한결같은 생각일 것이다. 제2의 직업으로 나는 부동산 투자를 권한다. 퇴직금을 받아서 자영업을 한다든지 혹은 자신이 잘 모르는 사업을 해서 아까운 퇴직금을 공중에 흩어버린다면 얼마나 허망한 일인가.

하지만 부동산 전문가를 만나서 자신에게 딱 맞는 최적화된 나만의 부동산 투자 혹은 재테크 비법을 상담하는 것도 방법이지만 책을 통해 부동산에 대해서 평소에 관심을 가지고 차근차근 현역에서 은퇴하기 전에, 공부해야 한다고 생각하기에 필자가 알고 있는 혹은 박사 학위를 취득하기까지 공부한 모든 내용에 관해서 성실히 기술하였다.

100세 시대에 현역에서 은퇴하지 않는 것이 가장 좋은 방법이지만 은퇴는 불가피한 선택이기에 은퇴하더라도 현역과 같은 생활을 영위하려면 부동산을 알아야 하고 투자를 알아야 한다. 공부하지 않고 아무런 일도 하지 않으면 어떠한 변화도 일어나지 않는다. 생각으로 끝나서는 미래가 없다. 부동산을 공부하면 돈이 보이며, 아는 만큼 돈의 크기가 보인다는 진리를 명심하기 바란다. 부동산 투자로 부자가 되는 방법을 몰라서 못 하는 경우가 대부분이다. 부동산 투자라면 흔히 많은 돈을 투자하여야 한다고 생각하지만, 소액으로 투자할 수도 있다. 그렇지만 현재의 부동산 정책하에서 주택에 투자한다는 것은 힘든 상황이다.

그래서 필자는 산업용 부동산에 주목해야 한다고 앞에서 소개한 바 있다. 우리나라 부동산 정책이 주택 위주의 정책임은 부인할 수 없다. 그러나 우리나라는 전통적인 제조업 강국의 제조업 기반의 국가임은 잘 알려져 있다. 그러한 부동산의 기반 위에 우리는 근대 산업국가로 국제사회에서 인정받고 있다. 이러한 산업의 기반이 되는 공장ㆍ창고야말로 우리 경제에 꼭 필요한 중요한 부분이라는 것을 잘 알고 있고 필자는 이러한 부동산을 중개 거래 대상물로 삼고 있는 것이 너무나 자랑스럽다. 이러한 산업용 부동산은 수익률이 주택보다 낮을 수도 있다. 초기 투자 비용이 많이 들어가기에 그런 것이다. 월 임대료도 중요하지만 투자자본 대비 시세 차익이 크기에 장래 이익까지 고려하면 너무나 매력적인 투자처이다. 토지 가격은 매년 다르다. 더구나 수도권에서의 토지 가격은 매년 10%의 상승률을 보인다는 점을 절대 간과해서는 안 된다. 당장 눈에 보이는 수익률보다 장래 발생하는 시세 차익에 주목해야 한다. 소매점과 제2종근생제조장, 공장에 이르는 산업용 부동산에 대해서 폭넓은 안목을 키우고 투자를 원하는 독자들은 010-6650-8240으로 연락을 주신다면 기꺼이 작은 도움이라도 드릴 준비가 되어 있음을 거듭 밝히며 소감으로 갈음하고자 한다.

블로그 : https://blog.naver.com/wrwr8969
유튜브 : 광주공장정박사부동산
이메일 : wewe8969@hanmail.net
연락처 : 010-6650-8240